公的扶助の
歴史的展開

高間 満 著

まえがき

　「愚者は経験に学び、賢者は歴史に学ぶ」（ビスマルク）という言葉があります。歴史を振り返りつつ、現状を点検精査し、そして将来のあるべき方向性を展望することは大切なことです。公的福祉中心から民間福祉重視へ、施設・在宅福祉から地域福祉へ、措置から契約システムへと、パラダイムや理念が大きく転換してきた近年の社会福祉分野において、歴史を振り返ることはとくに重要なことです。

　本書で掲載した論文はすべて大学紀要で発表したもので、テーマに関してその歴史をふまえながら、現状と課題を論じた公的扶助関係の論文を主体としています。最近の論文だけでなく、すでに10年近く経過したものもあります。それらについては、発表当時の時代的雰囲気や背景を読み取っていただければ幸いです。

　なお各論文の初出については以下のとおりです。

第1章　公的扶助ケースワークの歴史的展開（1）
　「生活保護における自立助長とケースワーク―占領期の福祉行政に源流を求めて」『福岡県立大学紀要』第11巻第1号　2002年　大幅加除修正　通史として再構成

第2章　公的扶助ケースワークの歴史的展開（2）
　「福祉事務所の歴史的展開と今後の方向性」『福岡県立大学紀要』第11巻第2号　2003年　大幅加除修正　通史として再構成

第3章　公的扶助改革とワークフェア
　「公的扶助改革とワークフェア」『神戸学院総合リハビリテーション研究』第3巻第1号　2007年

第4章　貧困の地域的形成と世代的再生産
　「貧困の地域的形成と世代的再生産―筑豊・田川郡の生活保護に焦点を当てて」『神戸学院総合リハビリテーション研究』第7巻第2号　2012年

第 5 章　ホームレス問題の歴史・現状・課題
「ホームレス問題の歴史・現状・課題」『神戸学院総合リハビリテーション研究』第 1 巻第 1 号　2006年

第 6 章　初期の公的扶助研究運動と神戸市の自主的研究会活動
「初期の公的扶助研究運動と神戸市の自主的研究会活動」『神戸学院総合リハビリテーション研究』第10巻第 2 号　2015年

第 7 章　民生委員制度の歴史的展開
「民生委員制度の歴史的展開」『神戸学院総合リハビリテーション研究』第 8 巻第 2 号　2013年

第 8 章　戦後の社会福祉理論の系譜
「戦後の社会福祉理論の系譜」『神戸学院総合リハビリテーション研究』第 8 巻第 2 号　2013年

第 9 章　韓国における貧困政策の歴史的展開
「韓国における貧困政策の歴史的展開」『神戸学院総合リハビリテーション研究』第 8 巻第 2 号　2013年

第10章　韓国における社会的企業の現状と課題
「韓国における社会的企業の現状と課題」『神戸学院総合リハビリテーション研究』第11巻第 2 号　2016年

2016年 7 月

　　　　　　　　　　　　　　　　　　　　　　　　　　　　高間　満

目次

まえがき

第1章 公的扶助ケースワークの歴史的展開（1） 13

■はじめに■ 13
Ⅰ 前史：アメリカにおける公的扶助ケースワークの誕生 14
Ⅱ 占領期における公的扶助へのケースワーク導入 15
　1．占領政策とSCAPIN775 15
　2．欠格条項と自立助長 16
　3．積極的自立助長論と消極的自立助長論 18
　4．ケースワークの導入過程 19
Ⅲ 公的扶助ケースワークの展開 24
　1．社会福祉主事と福祉事務所 24
　2．社会福祉本質論争と公的扶助論ケースワーク論争 26
■おわりに■ 31

第2章 公的扶助ケースワークの歴史的展開（2） 35

■はじめに■ 35
Ⅰ 福祉事務所改革論と生活保護解体論 36
　1．福祉六法体制と「新福祉事務所運営指針」 36
　2．「実験福祉事務所」と小地域総合担当制 38
　3．「福祉センター構想」と「生活保護解体論」 39

Ⅱ　アメリカにおける現金給付とケースワークの分離　40
　Ⅲ　生活保護適正化政策の進行とケースワークの形骸化　42
　Ⅳ　福祉事務所の再編と変革の進行　44
　　1．社会福祉の「団体事務」化と国庫負担の削減　44
　　2．「福祉関係八法改正」と福祉事務所の機能再編　45
　　3．福祉事務所の変革の進行　46
　　4．「措置から契約へ」の移行と福祉事務所　48
　Ⅴ　生活保護制度の見直しとワークフェアの導入　50
　　1．生活保護制度の見直しと自立支援プログラム　50
　　2．「期限付き福祉」とワークフェア　52
　Ⅵ　公的扶助ケースワークの分離論と統合論の論争　53
　Ⅶ　生活保護法改正、生活困窮者自立支援法成立と公的扶助ケースワーク　55

　■おわりに■　59

第3章　公的扶助改革とワークフェア　63

　■はじめに■　63
　Ⅰ　福祉国家の揺らぎとワークフェア　64
　Ⅱ　わが国の生活保護改革の動向とワークフェア　66
　　1．自立支援プログラムとワークフェア　66
　　2．「期限付き福祉」とワークフェア　68
　Ⅲ　欧米の公的扶助改革とワークフェア　70
　　1．ヨーロッパの「能動的社会政策」とワークフェア　70
　　2．ドイツの社会扶助改革とワークフェア　72
　　3．イギリス「第三の道」とワークフェア　73
　　4．アメリカの福祉改革とワークフェア　75
　Ⅳ　欧米ワークフェアの示唆するもの　77

■おわりに■ 79

第4章
貧困の地域的形成と世代的再生産　85
―筑豊田川郡の生活保護に焦点を当てて―

■はじめに■ 85
Ⅰ　エネルギー政策転換による貧困の地域的形成　86
　1．旧産炭地・筑豊の発展と隆盛　86
　2．旧産炭地・筑豊の衰退と貧困化　87
Ⅱ　生活保護の急増と適正化政策　91
　1．第2次保護適正化政策と筑豊　91
　2．第3次保護適正化政策と筑豊　93
Ⅲ　貧困の世代的再生産の実態
　　（田川郡生活保護廃止ケースの実態調査結果をふまえて）　96
　1．生活保護受給世帯の実態と貧困連鎖　96
　2．生活保護受給母子世帯における貧困の世代的再生産　97
Ⅳ　貧困の世代的再生産の防止に向けて　99
　1．貧困の世代的再生産の要因とメカニズム　99
　2．貧困の世代的再生産防止への取り組み　101
■おわりに■ 104

第5章
ホームレス問題の歴史・現状・課題　107

■はじめに■ 107
Ⅰ　ホームレス問題の歴史　108
　1．ホームレスとは　108
　2．ホームレス問題の歴史的推移　109

Ⅱ　ホームレス問題の実態　112
　Ⅲ　生活保護行政の対応とホームレス自立支援法　114
　　1．生活保護行政の対応　114
　　2．ホームレス自立支援法の成立　116
　Ⅳ　ホームレス自立支援計画と課題　119
　　1．神戸市の自立支援計画と課題　119
　　2．北九州市の自立支援計画と課題　121
　Ⅴ　ホームレス対策の今後の課題　123
　　1．「半福祉・半就労」と「社会的つながり」　123
　　2．生活保護制度の適切な運用　124
　　3．ホームレスの予防　124
　　4．ホームレス支援の市民意識の醸成　125
　■おわりに■　125

第6章　初期の公的扶助研究運動と神戸市の自主的研究会活動　129

　■はじめに■　129
　Ⅰ　神戸市の自主的研究会と公的扶助研究運動の萌芽期　130
　　1．神戸市における自主的研究会　130
　　2．神戸市の福祉専門職採用制度　131
　Ⅱ　公的扶助研究運動の基礎形成期と神戸市の自主的研究会の関わり　132
　　1．第1回全国セミナーの開催　132
　　2．神戸市における公的扶助研究運動への関わり　133
　Ⅲ　公的扶助研究運動の基礎確立期と第3回全国セミナー神戸開催　135
　　1．「適正化」政策の胎動と第3回全国セミナー開催に向けて　135
　　2．風圧の中での第3回公的扶助研究全国セミナー神戸開催　138
　Ⅳ　公的扶助研究運動の発展期と第1回関西ブロックセミナー神戸開催　141

1．第4回〜7回全国セミナーとブロックセミナー開催に向けて　141
　　2．関西ブロックセミナー神戸開催　143
　■おわりに■　145

第7章　民生委員制度の歴史的変遷　149

　■はじめに■　149
　Ⅰ　萌芽としての岡山県済世顧問制度　149
　Ⅱ　基礎としての大阪府方面委員制度　151
　Ⅲ　救護法と方面委員制度　154
　Ⅳ　戦時下の方面委員制度　156
　Ⅴ　戦後改革と民生委員制度　157
　Ⅵ　経済成長期の民生委員制度　160
　Ⅶ　社会福祉基礎構造改革と民生委員制度　165
　■おわりに■　167

第8章　戦後の社会福祉理論の系譜　171

　■はじめに■　171
　Ⅰ　戦後改革と経済復興期（1950〜1960年代前半）　172
　　1．社会福祉の政策論（孝橋理論）　172
　　2．社会福祉の技術論（竹内理論）　173
　　3．社会福祉の固有論（岡村理論）　174
　Ⅱ　高度経済成長と住民運動高揚期（1960年代後半〜1970年代）　175
　　1．社会福祉の綜合論（木田理論）　175
　　2．社会福祉の統合論（嶋田理論）　176

3．社会福祉の運動論（一番ヶ瀬理論・真田理論）　177
  Ⅲ　低成長と福祉見直し期（1980年代～1990年）　178
    社会福祉の経営論（三浦理論）　179
  Ⅳ　グローバル化と格差進行期（1990年代～現在）　180
    社会福祉のL字型構造（古川理論）　181
  Ⅴ　社会福祉理論研究のいくつかの課題　182
  ■おわりに■　183

第9章　韓国における貧困政策の歴史的展開　187

  ■はじめに■　187
  Ⅰ　貧困政策の前史　187
  Ⅱ　恩賜賑恤窮民救助規定の制定　188
  Ⅲ　朝鮮救護令の制定　189
  Ⅳ　独立後の社会福祉の発展　190
  Ⅴ　生活保護法の制定と改正　192
    1．1961年制定の生活保護法　192
    2．その後の生活保護法の改正　193
  Ⅵ　国民基礎生活保障法の制定　195
    1．法制定の背景　195
    2．基礎法の内容　196
    3．条件付き受給者　198
    4．自活事業　199
    5．次上位階層　200
  Ⅶ　社会的仕事事業と社会的企業　201
    1．社会的仕事事業　201
    2．社会的企業　202
  ■おわりに■　203

第10章
韓国における社会的企業の現状と課題　　　207

- ■はじめに■　207
- Ⅰ　韓国における社会的企業の法的基盤　208
- Ⅱ　韓国における社会的企業の発展過程　209
- Ⅲ　韓国における社会的企業の現状　211
- Ⅳ　韓国における社会的企業の課題　213
- Ⅴ　韓国における社会的企業の視察事例　215
  - １．江原道社会的経済支援センター（センター長、部長、チーム長からの説明）　216
  - ２．原州社会的経済支援センター（事務局長からの説明）　218
  - ３．原州医療福祉社会的協同組合（理事長からの説明）　220
  - ４．原州老人消費者生活協同組合（理事長からの説明）　221
  - ５．クムト（予備的）社会的企業（常任理事からの説明）　222
- Ⅵ　日本への示唆　223
- ■おわりに■　224

あとがき

第1章

公的扶助ケースワークの歴史的展開（1）

■はじめに■

　本章および第2章では、戦後まもなくの占領期に施行された新生活保護法に導入された公的扶助ケースワークについて、現在に至るまでどのように変化し展開してきたかを通史として論述する。なお、公的扶助ケースワークは福祉事務所という組織機構を枠組みとして、そこの職員である社会福祉主事によって具体的に展開されることから、本論文では福祉事務所制度の変遷もあわせて論述する形式をとった。

　本章では、まず公的扶助ケースワークの前史としてアメリカにおけるその生成過程についてふれる。次に、とくに占領期のわが国の福祉行政に焦点を当て、GHQ（連合国総司令部）／PHW（公衆衛生福祉局）と厚生省当局（当時）との交渉の中で、どのように無差別平等主義による旧生活保護法が成立したのか、さらにそれがどのように新生活保護法に移行していったのか、その中で自立助長という考え方がどのように出てきたのか、他方で生活保護制度にケースワークがどのように導入されたのかを、日米のさまざまな人物群像の主張と動きを紹介しつつ論述する。そして公的扶助ケースワークのあり方をめぐって展開さ

れた生活保護サービス論争、その後の当初目的とは異なった方向での公的扶助ケースワークの展開などについて、公的扶助ケースワークの理論的指導者であった仲村優一の発言を紹介しつつ、1945～70（昭和20～45）年あたりまでを時期区分として論述する。

I　前史：アメリカにおける公的扶助ケースワークの誕生

アメリカでは大恐慌（1929年）後、世界で最初に社会保障という考え方を制度化した社会保障法（American Social Security Act：1935年）を制定したが、その先駆形態として連邦緊急救済法（Federal Emergency Relief Act：1933年）が制定されている。この制度は2年間の時限立法として制定・施行され、①無差別平等の原則、②国家責任の原則、③最低生活保障の原則とともに、④専門性の原則が採用された。

そこでは、各地方救済機関において訓練と経験を有する調査担当者の配置、および20名の調査担当者について最低限1名のファミリーケースワークと救済行政の基本的な事項に訓練と経験を有するスーパーバイザーの配置が義務づけられた[1]。こうして連邦緊急救済局は救済業務を担当する専門職員の配置を決定したが、大恐慌後の救済業務は膨大であり、そのために大量の専門職員を必要とした。そこで多くのソーシャルワーカーが民間の家族福祉機関から公的機関へ移籍した。またそれに数倍する無資格のソーシャルワーカーが公的機関に雇用され、これに対して連邦救済局は現任訓練とともに大学での専門教育受講の機会を与え、そのための支出を行った[2]。こうして公的機関におけるソーシャルワーカーが急激に増大し、その団体であるアメリカ公的福祉協会（American Public Welfare Association：APWA）は、運動団体としても救済政策の推進に関与していくことになった。そしていわゆるニューディール期の救済福祉政策を担うことになり、それとともに福祉官僚制が進行していった。

こうしたアメリカの状況が、わが国のGHQ（連合国総司令部）による占領

期（1945〜51年）の福祉政策に大きく影響を与えたといえる[3]。なお多くのソーシャルワーカーを失った家族福祉機関は、顧客を確保するために心理主義へと専門的傾向を深め、COS（慈善組織協会）時代からの固有の対象領域であった貧困問題から退却していくことになった。

Ⅱ　占領期における公的扶助へのケースワーク導入

1．占領政策とSCAPIN775

終戦後、アメリカはわが国の救済政策について、その責任は日本政府にあるとして第三者的立場をとろうとした。ところがわが国の混乱と疲弊を目の当たりにしたGHQは一転して、救済のための指令を続けざまに政府に示してきた。まずは「救済用配給物資の貯備に関する件」（1945年11月22日覚書）、続いてSCAPIN（連合国最高司令官指令）404「救済並びに福祉に関する件」（同年12月8日）である。そしてこの指令要件を受けて、わが国では「生活困窮者緊急生活援護要綱」が閣議決定（同年12月15日）され、直ちに実施されるとともに、CLO（終戦連絡中央事務局）1484「救済福祉に関する件」をGHQに提出し、公的扶助の法制定を計画化した。

こうした経緯を基にして、SCAPIN775「社会救済（Public Assistance）」（1946年2月27日）が示された。この指令は「公的扶助3原則」として、その後の生活保護法制定に大きな影響を与えることになった。その3原則とは、①無差別平等、②国家責任の明確化、③最低生活の保障である。なおこの3原則以外に、GHQは専門性の原則に強い熱意を示した。GHQは福祉行政が有給専門職員によって担われるべきことを強調し、わが国政府に専門職養成と現任訓練の制度や機会を設けることを再三、要求した経緯がある。ちなみにこのSCAPIN775は、GHQ／PHW（公衆衛生福祉局）福祉課のジョージ・K・ワイマン（G. K. Wyman）によって立案されたもので、ワイマンはニューディール期の福祉行

政に従事したソーシャルワーカーであった[4]。

　GHQは間接的統治という形態を通じて、わが国の非軍事化、民主化を占領政策の基本目的にした。したがって占領政策の一環である救済政策も当然のことながら非軍事化、民主化という目的が貫かれた。とくに非軍事化については、わが国の政府が軍人の引揚者対策を優先しようとする姿勢をPHWは極度に警戒し、無差別平等の原則を示してきた。

　旧生活保護法は、このSCAPIN775で示された3原則に基づき、1946（昭和21）年9月9日に成立した。この旧生活保護法は、占領軍のアメリカにおいて1935年の社会保障法成立により制度化された公的扶助が、その対象を高齢者・児童・視覚障害者に限定する特別扶助であったのに対して、無差別平等という一般扶助主義を採ったことで画期的なものであった。そのため1947（昭和22）年8月のウィリアム・H・ワンデル（W. H. Wandel）を団長とするアメリカ社会保障調査団をして、世界で最も進歩した扶助制度であると評価せしめたほどであった。

2．欠格条項と自立助長

　しかし、この旧生活保護法には無差別平等といいながら、「勤労の意思のない者、勤労を怠る者、生計維持に努めない者」「素行不良な者」として救護法以来の惰民養成防止のための欠格条項を設けていた。これについては当時の厚生省（現：厚生労働省）社会局長、葛西嘉資がPHW局長、サムス（C. F. Sams）准将とかけあって「『飲む・打つ・買う』のような者」ということで条項規定の了解を取り付けた経緯がある[5]。

　1949（昭和24）年9月の社会保障制度審議会総会で「生活保護制度の改善強化に関する件」が採択され、生活保護法改正の大きな導きとなった。この勧告では、①無差別平等、②国家責任、③最低限度の生活保障、④保護請求権と不服申立の権利保障、⑤欠格条項の明確化を原則とした。また生活保護の事務に携る者を有資格者とし、民生委員を協力機関として位置づけた。この勧告案の

原文は厚生省社会局保護課長、小山進次郎の作成によるものである。

　ここで欠格条項の明確化について、小山によれば保護の厳しさを表すために盛り込んだものとしている[6]。ところがこれが、PHWの福祉課長アーヴィン・H・マーカーソン（I. H. Markuson）の示唆もあって、新法案提出の間際になって削除されることになるのである。すなわちマーカーソンは「勤労に意欲がない、勤労を怠る、生計の維持に努めないということの原因には種々あろう。（中略）こういう人たちの問題を理解し、この人たちを更生させるための努力が払われなくてはならない」[7]と力説した。この言葉には、生活保護におけるケースワークの必要性が主張されている。そしてこれが小山の考えではケースワークと自立助長の結びつきとなった。こうして小山やその周辺が、その必要性を説いた欠格条項は削除されることになった。

　社会保障制度の勧告に基づいて、新生活保護法は1950（昭和25）年5月4日に公布され、即日施行となった。この新生活保護法は保護請求権の規定や欠格条項を持たない一般扶助主義の公的扶助法として、当時の世界でも例を見ないほどの進歩的なものであった。その第1条では、法の目的として最低生活保障と自立助長を規定している。法制定過程における当初の原案では、最低生活保障のみが目的とされたが、結局、最低生活保障という社会保障の中に自立助長という社会福祉を含めたものにした。

　小山によれば、第一義的に最低生活保障を目的として挙げたが、自問自答しているうちに、生活保護は惰民養成の制度という世の中の意見に対して「そうじゃないんだということをはっきりさせる」[8]ために、あえて自立助長を目的の中に織り込んだとしている。こうして『生活保護法の解釈と運用』の中に、あの格調高い文書が表現されることになる。

　　最低生活の保障とともに、自立の助長ということを目的の中に含めたのは、「人をして人たるに値する存在」たらしめるには単にその最低生活を維持させるだけでは十分ではない。凡そ人はすべてその中に何等かの自主独立の意味において可能性を包蔵している。この内容的可能性を発見し、これを助長

育成し、而して、その人をしてその能力に相応しい状態において社会生活に適応させることこそ、真実の意味において生活権を保障する所以である[9]

ここで小山は自立助長の目的を、惰民養成防止ではなく「人たるに値する存在」というものに昇華させた表現をとる。また自立助長とは、すべての人に包蔵されている内容的可能性を発見し、それを助長育成させることによって、その人をして社会生活に適応させることとしている。惰民養成防止のための欠格条項の明確化、マーカーソンの示唆による欠格条項の削除、さらに「人たるに値する存在」のための自立助長の規定に至るまで、小山の考え方の揺れ動きと変化は興味深い。

3．積極的自立助長論と消極的自立助長論

こうして生活保護制度の社会福祉性として自立助長が規定されることになった。しかしこの自立助長の解釈は厚生省の関係者間で一様ではなかった。仲村優一によれば2つの相対立する解釈があったとしている。いわゆる小山が主張した「人たるに値する存在」のための積極的な自立助長論と他方では、厳然と続く惰民養成防止のための消極的自立助長論である[10]。

消極的自立助長論は、小山の直接の上司であった厚生省社会局長、木村忠二郎の主張に代表される。木村はその著『改正生活保護法の解説』（1950年）の中で、自立助長について次のように述べている。

　本法制定の目的が、単に困窮国民の最低生活の保障と維持にあるだけでなく、進んでその者の自力更生をはかることにあることは、国の道義的責務よりして当然のことであるが、改正法においては第一条にその趣旨を明言して、この種の制度に伴いがちの惰民養成を排除せんとするものである[11]

木村は、自力更生を図ることによる自立助長の趣旨規定について述べるとと

もに、その自立助長とは、取りも直さず惰民養成排除そのものだというのである。しかも小山が『生活保護法の解釈と運用』で、惰民養成防止といった調子の低いものではないと喝破したほぼ同じ時期にである。新生活保護法の立案・制定に直接関与した厚生省の社会局長である木村とその部下である保護課長の小山との間に、自立助長についてこれだけの対照的な考え方の相違があったのである。しかしこの木村の惰民養成排除という考え方こそ、明治、大正、昭和前期から連綿と続く公的救済の基本的見解であった。それが旧生活保護法では欠格条項として規定され、新生活保護法では欠格条項の削除と入れ替わりに自立助長として規定されたと理解される。したがって自立助長は仲村が述べるように、厚生省のタテマエとしては「人たるに値する存在」として捉えられたが、ホンネとしては惰民養成防止として捉えられていたということができる[12]。

4．ケースワークの導入過程

　SCAP（連合国最高司令部）の対日政策では非軍事化と民主化を基本目標として、初期にはSCAPIN404やSCAPIN775といった重要「指令」を出したが、その後は効率的な福祉行政の編成とそれを可能にする専門職員の養成確保という方針を「行政指導」として出してきた。ここでいう専門職員とはソーシャルワーク技術を修得した職員である。すなわちSCAPは、大恐慌以降の自国の福祉政策の経験に照らし合わせて、専門的なソーシャルワーカーこそが、より効果的に福祉行政を運営管理していくであろうと確信したのである。そして必然的に、公的扶助や児童福祉の仕事に携る行政職員の専門職化を目指した。

　そのためにSCAPはわが国政府に指示し、1946（昭和21）年8月には社会事業学校設立委員会が設立され、同年10月には日本社会事業学校（日本社会事業大学の前身）、1948（昭和23）年には大阪社会事業学校（大阪府立大学社会福祉学部の前身）が設置されることになった。また1949（昭和24）年10月10～27日には都道府県民生部関係職員現任訓練講習会（於：東京・日本社会事業学校、厚生省主催）が開催された。ここでは全国の都道府県民生部長や民生部主要職

員を召集し、18日間という長期にわたってPHWや地方軍政部のスタッフによるソーシャルワークの講義が実施された。なおこの講習会の講義内容については『現代社会事業の基礎』としてまとめられた。

さて、わが国の占領前、すでに1942年からアメリカでは、対日福祉政策のための社会福祉行政官の訓練や養成が陸軍省においてなされていた。そこでは軍政学校や民政訓練学校が設立されて実地訓練が行われていた。また占領後のわが国の福祉や社会保障制度に関するテキストも作成され、わが国の実情に即した訓練が行われていた[13]。

多々良紀夫によれば、ヴァージニア大学にあったシャロットヴィル軍政学校では、わが国占領後にPHWの福祉課長となるネルソン・ネフ（N. B. Neff）やソーシャルワーク教育係長となるドナルド・ウィルソン（D. V. Wilson）が第1期生（1942年）として受講したという[14]。このようにPHWの重要な担当官は軍政学校や民政訓練学校の修了者であった（もちろんスタッフのすべてが、そのような教育訓練を受けてきたわけではない）。PHWは多数の民間の専門家を採用、招聘した。そうした中にPHW福祉課ソーシャルワーク教育係長として活躍するフローレンス・ブルーガー（F. Brugger）や広島民生部福祉係官のドロシー・デッソー（D. Dessau、後に同志社大学教授）がいた。2人ともアメリカでは精神分析ソーシャルワーカーの職歴を持っていた。

ブルーガーがそれまでのウィルソンに代わり、ソーシャルワーク教育係長に就任したことにより、PHW福祉課のケースワーク導入の姿勢が強く打ち出されることになった。ブルーガーは後に以下ように証言している。

　　私は、公的福祉の経験はありませんし、社会保障の分野でも経験をもっていませんでした。したがって私は、ケースワーク、グループワーク、コミュニティ・オーガニゼーションを通じたソーシャルワークの過程ということに関してしか、お役に立てませんでした。（中略）アメリカ的な立場からぜひ貢献すべきことの一つは、実践が重要であるということを伝えることであると、私は考えていました。結局のところ、フィールドワークと学生に諸機関

で実際に働く機会を与えることが、われわれのソーシャルワークにおける経験から導き出せるもっとも重要な貢献だと考えたわけです[15]。

このブルーガーが活動した時期（1948〜50年）は、占領政策が当初の非軍事化と民主化から朝鮮戦争を契機に反共と再軍備に転換した時期であった。こうした時代背景も手伝って、またソーシャルワーク実践者としての職歴からも社会事業従事者養成のあり方について、とくにカリキュラム編成においてブルーガーは、わが国の今岡健一郎や孝橋正一らと鋭く対立した。今岡らが社会事業の歴史的・構造的分析のために社会政策論の重要性を説いたのに対し、ブルーガーはこれに強く反発し[16]、以下のように発言した。

> 私は一つの質問をしたい。日本の社会事業教育の重点が、ドイツでなされてきたような制度論や社会政策論におかれている印象をもっています。それが現在の社会的必要を充足する上で重要なのかどうか知りたいのです。私はその内容や方法、そして理由について関心を抱いています[17]。

こうしてブルーガーは、1949（昭和24）年2月28日に開催された日本社会事業学校カリキュラム委員会において、アメリカ社会事業学校連盟が社会事業教育の最低基準として定めたケースワークなどから成る基礎8科目を紹介し、その後もこの基礎8科目、とりわけ重視すべき科目としてケースワークの必要性を説き続けた[18]。

一方、デッソーはどうであったか。デッソーは「占領軍の福祉担当官としての私の任務は、いついかなるところでも可能な限り、日本人に対して民主的な思想と民主主義的に人々を取り扱う方法を教え、かつ実演してみせることにあった」[19]と回想し、みずからの任務を「日本人にソーシャルワークは何か、どのように実践するのか」[20]を教えることにあったと述べている。ただケースワークの導入については以下のように述懐、助言している。

われわれ米国人のやり方は早すぎやしなかったか？　日本人はわれわれ米国人を真に理解していたであろうか？　否ときには理解していないことも多かったようである。なるほど日本人は、米国の形式を採用したけれども、その精髄を果たして理解していたであろうか？　そうは思えないことが多かった[21]

　それらの仕事は、米国で生まれたものであるということを記憶していなければならない。日本はなんでもかんでも、模倣するのではなく、手を加えて日本人固有の文化や、ものの考え方に適合させなければならない[22]

ここではケースワーク導入が単なる「模倣」に終始した当時の状況が窺われる。またブルーガーの前任者であったウィルソンは以下のように述懐している。

　当時、私は治療的ケースワークについてとても懐疑的でした。仲村教授がニューヨークにやって来たとき、彼は全くケースワークを確信していました。私はケースワークに反対ではありませんでしたが、他のプログラムのほうがもっと大切だと感じていました。ケースワークを含め、グループワーク、コミュニティ・オーガニゼーションはアメリカの社会事業の方法ではあっても、日本は日本の特殊の方法があるべきだとの見地に立ち、積極的にこれを押し付けることはしなかった[23]

それでは仲村や黒木利克はどうであったのか。仲村は東大で大河内一男門下生として社会政策論を学んだが、戦後まもなく日本社会事業学校の第1期生として社会福祉を学修し、前述の都道府県職員を対象にした現任訓練講座では事務局を担当し、その際の講座テキストを翻訳した。その後、アメリカに留学し社会福祉事情について学んでいる。この当時、仲村をはじめ、わが国の公的扶助関係者に大きな影響を与えた専門書に、シャーロット・トウル（C. Towle）の『コモン・ヒューマン・ニーズ』（1945年）[24]がある。またこの他に仲村がそ

の「公的扶助ケースワーク論」形成に大きな影響を受けたのはグレース・マーカス（G. Marcus）の論文「公的扶助行政におけるサービスの質」（1946年）[25]等、いわゆる「機能主義」派の諸論文であった。仲村によれば「機能主義」派の生成の契機は、「公的扶助における扶助金の支給と、伝統的ケースワークの社会治療との乖離、換言すれば、生活保障と福祉サービスとの矛盾であった」[26]としている。こうして仲村は「伝統的な診断派の立場を取りながら、ある程度機能派のケースワーク理論の成果を取り入れよう」としたのであった。なおこの当時、ブルーガーやデッソーは「診断主義」派のソーシャルワーカーであったが、PHWや地方軍政部のスタッフは「診断主義」派や「機能主義」派など多様であった。またPHWの社会福祉に関する専門教育のあり方について、PHWの働きかけにより作られ自身も学修した日本社会事業学校の教育方法に関連して仲村は後にこう述懐している。

　その最も重要なねらいは、専門のソーシャルワーカーを養成して、福祉の現場のサービスの中心的な担い手になる方向で、そこにつながるような福祉の専門教育を行うべきである、とするものであった。それらの人たちが占領軍当局の福祉の中枢部門にいて、その考え方を具体化するための種々の働きかけを私どもに行った。私は基本的にはその線を肯定的に受け止め、高く評価する立場を当時からとっていたし、今日でもそれは変わっていない[27]

　さらに自分のケースワーク論について「具体的な日本の制度、たとえば公的扶助の運用のうえで、アメリカのケースワークの原理的なものや技術を生かすことができるかという意味で、そこから多くの学ぶべきものがあるとする立場である」[28]としている。

　一方、当時厚生省更生課長であった黒木は1948（昭和23）年9月～1949（昭和24）年4月までアメリカ社会福祉視察に派遣されていた。そして帰国後、アメリカの社会福祉概要を紹介した『ウェルフェア・フロム・USA』（1950年）を公刊するが、少し後には在米中に感銘を覚えた『コモン・ヒューマン・ニー

ズ』を抄訳した『生活保護の原理と技術』（1955年）を刊行している。さて、1949（昭和24）年11月29日に戦後社会福祉行政の基本骨格となる、いわゆる「六項目提案」がPHWから厚生省になされた。ここで「六項目」とは、①公的扶助から民生委員の責任の除去、②社会福祉主事制度の創設、③福祉地区と福祉事務所の設置、④公私分離の明確化、⑤社会福祉協議会の創設、⑥有給専任吏員の現任訓練と査察指導員の配置である。この「六項目」はSCAPINという指令文書ではなく、ネフやマーカーソンらのPHWスタッフと葛西、木村、小山、黒木らの厚生官僚らが合議してまとめあげ、ネフによる厚生省への口頭指示という形式をとった。そしてこの提案作成に当たっては、アメリカ視察で専門的視野を広めた黒木の案が下地になっていた。黒木は「ニューヨーク・プラン」を手本として、市町村から独立した専門的な実施機関、および専門的なゼネリック・ケースワーカーの配置を構想していた[29]。

なおアメリカの社会福祉視察については『木村忠二郎日記』によると、木村も1950（昭和25）年8月にワシントンやシカゴなどの福祉事務所を訪問し、組織構成や公的扶助ケースワーカーの業務内容、扶助の申請手続き等について説明を受けている[30]。

いずれにしても、こうした時代状況や人物群像の動きによって、わが国の公的扶助へのケースワーク導入が図られてきたのである。そしてそれはSCAPの対日福祉政策の目標である福祉行政の効率化と、それを可能にする専門的ソーシャルワーカーの養成確保という枠組みの中で展開されたのである。

III　公的扶助ケースワークの展開

1．社会福祉主事と福祉事務所

「六項目」提案の早急な実施というGHQ／PHWの要求に応えて1950（昭和25）年5月15日に「社会福祉主事の設置に関する法律」が制定された。この法

に基づき都道府県、市町村には社会福祉主事が任命され、生活保護法、身体障害者福祉法、児童福祉法の3法を担当することとなった。これにより、民生委員は生活保護法の補助機関から協力機関に変わり、生活保護の実際的な業務は有給専任職員たる社会福祉主事が補助機関として担うことになった。さらに社会福祉主事には現任訓練が義務づけられるとともに、これにスーパービジョンを行う査察指導員の配置も規定された。このようにPHWの公的福祉領域における専門的ソーシャルワーカーの養成確保という目標は、社会福祉主事制度をつうじて実現が図られようとした。

なお仲村によれば、この社会福祉主事の性格について発足当初から厚生省は、対内的には公的扶助ワーカーたる社会福祉主事は有給専任のワーカーではあるが、専門のワーカーではないとし、他方大蔵省や自治庁など対外的には、社会福祉主事はケースワーカーと称される専門家であり、こうした専門家により保護費の節約につながると説明していたという[31]。厚生省内では、専門職とするには余りにも緩い資格要件（三科目主事）等を勘案すると、当初から本気で社会福祉主事を専門的ソーシャルワーカーにしようという空気は希薄だったのかもしれない。また対外的には惰民養成防止というホンネの消極的自立助長論が予算確保においても説得的であったのだろう。

次に福祉地区と福祉事務所について述べよう。それは1947（昭和22）年9月制定の保健所法（1949年5月31日改正、現：地域保健法）による保健所地区構想をモデルとして、人口概ね10万人ごとに市町村の行政範囲とは別に福祉地区を設け、そこに独立した機関として福祉事務所を設置するというものであった。すなわち効率的かつ専門的な福祉行政の推進のために福祉地区と福祉事務所を構想したのである。しかしこの厚生省案に対して、大蔵省は新機構の設置により、著しく費用増大となり、それは財政を圧迫させるとして反対した。また自治庁は市町村から独立することにより、地方自治体の権限が侵されるとして反対した。こうして結局のところ、福祉事務所は「妥協の産物」として出発することになった。すなわち福祉地区は設定されたものの、福祉事務所は地方自治体から分離せず、ほとんどの町村からは分離したが、主として都道府県と市の

機関になるというものであった[32]。

こうして出来上がったものは、黒木が「ニューヨーク・プラン」に基づいて構想していた専門的な実施機関、専門的なゼネリック・ケースワーカーとはかなり隔たった形のものとなった。そしてこれら社会福祉主事や福祉地区、福祉事務所等、いわゆる「六項目」を含んだ法律が1951（昭和26）年3月に社会福祉事業法として制定された。なお福祉事務所は同年10月からの発足となった。

そして占領期は翌1952（昭和27）年4月に、サンフランシスコ体制の確立をもって終了となった。

2．社会福祉本質論争と公的扶助論ケースワーク論争

1）社会福祉本質論争

占領期の終了に合わせるかのように「社会福祉とは何か」をめぐって、いわゆる「社会福祉本質論争」が始まった。これは1952（昭和27）年1月の『大阪社会福祉研究』（大阪社会福祉協議会機関誌）創刊号に始まり、いく人かの社会福祉研究者がそれぞれの理論を主張するという形をとり1953（昭和28）年1月まで続いた。ここでは掲載順にとくに岡村重夫、竹内愛二、孝橋正一の諸理論を簡単に紹介したい。

岡村によれば社会福祉事業の現代的特質は、従来の「問題の解決」的制度の段階から「解決への援助」の段階に移行したとみる。そこで社会福祉事業の対象は「社会関係の困難」と捉え、その対象への「援助の過程」「調整の過程」が「ソーシャル・ウォーク（社会事業）」とした。この岡村の理論では、社会学の枠組みでの社会福祉の把握方法が採られた[33]。

一方、戦前からのケースワーク論者であった竹内は社会事業を社会福祉事業の一分野として捉え、その社会事業の対象は「人間関係的ニード」であり、かくて社会福祉事業は「問題解決」的制度に「対人関係的調整」を付加したものとして捉えた[34]。

他方、孝橋は大河内の社会政策理論と関連させ、社会政策が資本主義社会に

とって「基礎的・本質的課題」である「社会問題」に対応するのに対し、社会事業は「関係的派生的課題」である「社会的問題」に対応するとした。具体的に前者は労働問題を典型例とし、後者は社会的必要の不充足ないし欠乏状態を意味するとした[35]。

こうして社会福祉の本質把握についてマルクス主義に基づく孝橋理論、アメリカ社会学や心理学に基づく岡村理論、竹内理論との対立、すなわち「政策論」と「技術論」の対立が生成してくることになった。そしてこの社会福祉本質論争は生活保護サービスのあり方、公的扶助とケースワークの関係をめぐる論争に波及していった。

2）生活保護サービス論争

1953（昭和28）年1月から1954（昭和29）年2月にかけ雑誌『社会事業』において生活保護サービス論争が展開された。これは、黒木の「生活保護制度におけるサービス試論」が発端であり、以下のように述べている。

> 依存的な要保護者に、その人の内部的な問題に何ら関心を払わないで、単なる金品給与を行なうと、その人は保護を与えれば与える程、自分の依存性に腰を落ち着け、動かなくなってしまう虞がある。（中略）生活保護においてサービスは、その絶対的要素であるかどうかという問題についてであるが、サービスは生活保護の第一義的目的を達成するための不可欠の条件であり、例えば扶助金品を粉薬とすれば、サービスはそれを呑ませるための水にもたとうべきものであろうか。そして被保護者のためには勿論、従事者のためにも、納税者のためにも、社会のためにも、役立つことは間違いないところである[36]。

黒木によれば、サービスは生活保護事務に必然的なものであり、また、そして保護の受給家族は経済問題以外にも問題を持っているものであるとして、すべての被保護者に依存性をなくすためにもケースワーク・サービスを提供すべ

きだとした。

　この黒木の公的扶助ケースワーク論に対し、厳しい批判を加えたのは小川政亮であった。小川によれば、サービスには民主主義原理に適合するものと国家責任回避のためのものの2つの意味があり、わが国の保護の低位な状況にあっては、まさに後者の意味に該当するとした。さらに社会事業従事者にとって、いかに保護を獲得するかの相談に乗ることこそが意義あるサービスであるとした[37]。

　たしかに黒木が説く依存性をなくすためのケースワーク・サービスとは、惰民養成排除のための消極的自立助長論によるケースワークへと転化する。そこではケースワークというベールにより、被保護者をして低位の最低生活に甘んじさせる危険性を孕むことになる。そしてこれが、この時期の厚生省による生活保護引き締め体制の論拠となり、黒木自身は厚生省保護課長の職にあって「適正化」政策（1954～57年）の推進者となっていく。

3）仲村—岸論争

　1956（昭和31）年11月に仲村は「公的扶助とケースワーク」（『日本社会事業大学研究紀要』）という論文を発表した。この中で「経済的給付を提供する過程そのものの中に、その過程を対象者本位に生かす工夫なり配慮なりが伴わなければならないのである。そしてこのことが、公的扶助におけるケースワークの核心でなければならないのである」とし、「ケースワークを公的扶助と機械的に分離して理解しようとするのでなく、公的扶助に即したものとして考えようとするものであり、しかも公的扶助をケースワークの手段とするのでなく、ケースワークを公的扶助の手段とするような方向でなければならない」[38]とした。また「公的扶助にかかわるすべてのケースが、自立助長の方向に向うように最低生活を保障することをもって、その目的としなければならない」とした。さらに自立助長については「被保護者の人格を尊重し、その価値と可能性に対して信頼を寄せ、その人間性を発展せしめるという意味での自立への期待につながっていなければならない」[39]としている。

ここで仲村はいわゆる「機能主義」的な見解を取り入れて、生活保護制度の第一義的目標は最低生活保障のための経済給付であることを主張し、経済給付の過程そのものの中にケースワークの知見を取り入れるべきとしたのである。また自立助長については、小山の積極的自立助長論に即した捉え方をした。
　このような仲村の考え方に対して、岸勇は1957（昭和32）年10月に「公的扶助とケースワーク―仲村氏の所論に対して―」（『日本福祉大学研究紀要』）において、公的扶助とケースワークは本質的に馴染まないものであるとした。そして貧困問題をケースワークは個人的問題に還元し、公的扶助は社会的問題に還元するものとして、両者を切り離すべきであるとした。さらにケースワークそのものが反動的な役割を担い、自立助長の名の下に保護を受けさせないように機能すると批判したのである[40]。この岸の考え方には、公的扶助ケースワーカーとしての社会福祉主事がどのように現実の被保護者に対応すべきかという内在的、実践的視点が欠如していた。ただ、たしかに惰民排除の消極的自立助長論に立って、公的扶助ケースワークを行うとき、この岸の批判は該当しよう。まさに自立助長論の解釈いかんで、ケースワークは両刃の剣になるといえる。
　こうした論争経過は、福祉事務所の現場にはどのような影響を与えたのであろうか。一部の社会福祉主事には実践からの問い直しを喚起させ、これら有志が全国的に結集して「公的扶助研究全国連絡会」（公扶研）を1963（昭和38）年に発足させる契機となった。そこでは公的扶助ケースワーカーの主体性や行政の民主化、被保護者の民主的人間形成を当面の目標として研究実践活動が展開され、今日に至っている。

４）自立助長ケースワーク論と適正化政策
　新しい制度の下で、福祉事務所現場における公的扶助ケースワークは実際にどのように展開していったのであろうか。
　福祉事務所の発足当初、社会福祉主事はゼネリック・ケースワーカーたることを期待され、またそのことに多大な関心を示し、専門家たらんと積極的に努力する者も多かったといわれている。そしてアメリカケースワーク論の表面的、

形式的理解も手伝って、社会福祉主事はすべての被保護者に自立指導をすべきであるとして、被保護者の生活に全面的関心を持ち、詳細な生活歴を聴取し記録するという方法が一般化した。他方ではすべての被保護者は、経済的問題以外に何らかの心理、社会的な問題を有しているとして、その生活内容に深く干渉し指導するという方法も採られた。これらはいわゆる通俗的ケースワーク論とよばれるものである[41]。

この通俗的ケースワーク論は、朝鮮戦争後の特需景気後の不況に伴う社会保障費の削減計画を背景として、結核患者や在日韓国・朝鮮人を対象とした保護費抑制のための第一次「適正化」政策期（1954～57年）に入ると、いわゆる自立助長ケースワーク論と変化する。すなわち「適正化」政策と結びついた就労等の指導指示の強化、扶養義務の取扱の強化、申請等の手続き権利の阻害、といったケース指導である。そこではケースワークは単に経済的自立を目的とする自立助長のための手段と化すことになった。厚生省や自治体本庁の度重なる監査指導の下、ひたすら経済的自立イコール保護廃止を目標として、社会福祉主事は奔走することになる。ホンネとしての惰民養成防止のための消極的自立助長論が、本格的に機能してくるのである。

自立助長ケースワーク論は第二次「適正化」政策期（1964～72年）に入ると、さらに強化されてくる。この「適正化」政策は、エネルギー政策転換に伴う炭鉱閉山（1960年代）による筑豊地域を主とした産炭地の保護率の急上昇、労働力流動化政策による農村地域の貧困化等を背景として実施された。その対象は炭鉱離職者や稼動年齢層であった。そこでは不正受給防止を主眼として、収入申告の審査や検診命令、就労指導等の徹底により、稼動年齢層を排除していくことが目的となった。ここではタテマエとしての積極的自立助長論はほとんど影をひそめ、自立助長は就労指導の徹底化による稼動年齢層の排除という捉え方となり、ケースワークはそのための手段となった。

こうした状況について、仲村は以下のように慨嘆している。

　　公的扶助のごとき、本来それ自体はケースワークと馴染まない制度との関

連でケースワークが取り上げられることによって、その性格がかなり歪められてしまったということである。(中略)占領当局が当面ケースワークを取り入れるのに格好の場所は公的福祉以外になかったのである。しかしながらこのことは、ケースワークにとって、きわめて不幸なことであった。というのは(中略)本体の部分を欠いたケースワークなるものが自立助長という大義名分と結びついて、実体のないサービスをケースワークと称し、かえって公的扶助自体の制度的不備を隠蔽する役割を果たすことになるからである[42]

　すなわちアメリカのように、ケースワークの生成発展の基礎となったCOS（慈善組織協会）や家族福祉協会という本体なるものを欠いた日本的土壌での公的扶助ケースワークの成長の未熟さを論じている。

■おわりに■

　これまでとくに占領期の福祉行政に焦点を当てながら、公的扶助ケースワークの展開について論述してきた。GHQ／PHWは非軍事化・民主化という占領政策の基本目的の下、SCAPIN775に基づき旧生活保護法を制定した。そこでは無差別平等といいながらも欠格条項を規定し、わが国の救貧政策の伝統である惰民養成防止を貫徹させていた。その後に制定された新生活保護法では、欠格条項の廃止と入れ代わりに自立助長を規定した。そしてこの自立助長にケースワークが結合した。自立助長には積極的自立助長論と消極的自立助長論があり、厚生省はタテマエとしては積極的自立助長論を主張したが、ホンネとしては惰民養成防止を目的とする消極的自立助長論に基づく政策を推進させた。
　PHWは初期には「指令」、その後には「行政指導」という形で、わが国の実情に適した福祉政策の展開を試みた。そこでは効率的な福祉行政とそれを可能にさせる専門職員たるソーシャルワーカーの養成確保が行政指導の目的とされた。アメリカでソーシャルワーカーの経験あるスタッフたちにより、積極的に

ソーシャルワークの扶植・定着化が図られた。しかしそれは当時の行政職員にとって、単なる「模倣」として受け入れられた。

このような公的扶助ケースワークの担い手や展開の場として、社会福祉主事や福祉事務所の制度ができたが、実際には当初の構想に程遠いものとなった。占領期終了後、生活保護とケースワークの関係をめぐって、「生活保護サービス論争」や「仲村－岸論争」が展開された。福祉事務所現場ではその論争経過後、一部の有志による「公的扶助研究全国連絡会」（公扶研）が組織化され、実践を通じての研究活動が展開されていく。しかしその後の生活保護行政の「適正化」政策により、公的扶助ケースワークは消極的自立助長論に立って機能していくことになった。そこでは被保護者の単なる経済的自立と保護廃止を目的とする生活指導、就労指導、そして稼動年齢層排除の武器として機能していくことになった。

　付記　本論文は既発表論文『生活保護における自立助長とケースワーク―占領期の福祉行政に源流を求めて―』（福岡県立大学紀要第11巻11号、2002年）を基に大幅に加除修正、通史として再構成したものである。

【引用文献・注釈】
1）古川孝順「占領期対日福祉政策と緊急連邦救済法」『社会事業史研究』No.15、社会事業史研究会、1987、p.63
2）同上書、p.64
3）古川によれば、GHQが占領期を通じて示した強い意志は、専門性の原則ともいうべきもので、GHQは社会福祉が有給専門職によって担われるべきこと、そのために専門職養成と現任訓練の制度、および機会を設けることを日本政府に対して再三、要求したとしている（同上書、p.61）。
4）菅沼隆「SCAPIN775の発令―SCAPIN775『社会救済』の起源と展開（2）―」『社会科学研究』Vol.45, No.3、東京大学社会科学研究所、1993、pp.130-133
5）葛西嘉資「終戦直後の社会福祉」厚生省社会局保護課編『生活保護三十年史』社会福祉調査会、1981、p.287
6）小山進次郎・仲村優一対談「新生活保護法の制定」『福祉を語る　21世紀前夜の風景・福祉100年の歩み―仲村優一対談集―』全国社会福祉協議会、1987、pp.242-243
7）小山進次郎『生活保護法の解釈と運用』中央社会福祉協議会、1950、p.114
8）前掲書6）、p.244

9）前掲書7）、pp.92-93
10）仲村優一「公的扶助における処遇論」日本社会事業大学編『社会福祉の現代的展開―高度成長期から低成長期へ―』勁草書房、1986、pp.245-246
11）仲村優一「社会福祉における自立の意味」小沼正編『社会福祉の課題と展望―社会福祉の課題と展望』川島書店―』川島書店、1982、pp.12-13
12）前掲書10）、pp.247-250
13）多々良紀夫（菅沼隆・古川孝順訳）『占領期の福祉改革―福祉行政の再編成と福祉専門職の誕生―』（Toshio Tatara "1400 Years of Japanese Social Work from Its Origin through the Allied Occupation, 552-1952"）筒井書房、1997、pp.30-32
14）同上書、p.32
15）社会福祉研究所「フローレンス・ブルーガー女史の証言」『占領期における社会福祉資料に関する研究報告書』社会福祉研究所、1978、p.250
16）小池桂『占領期社会事業従事者養成とケースワーク』学術出版会、2007、p.122
17）同上書、p.118
18）前掲書16）、p.48
19）新家江里香「占領期福祉改革における一福祉官の文化的視座」ドロシー・デッソー顕彰会他編『ドロシー・デッソーの人と思想―戦後日本のソーシャルワーク―』葵橋ファミリー・クリニック、2004、p.138
20）同上書、p.138
21）ドロシー・デッソー「日本のソーシャルワークの過去、現在、未来」前掲書19）、p.17
22）同上書、p.21
23）社会福祉研究所「ドナルド・V・ウィルソン博士の証言」前掲書15）、p.246
24）この書はアメリカの公的扶助局長の要請により、トゥルが公的扶助ワーカーのための指針として著したもので、1945年に出版されると全国の公的扶助機関に配布された。ところが1947年頃から「社会化」という表現が「社会主義化」につながるものとして保守勢力から非難を浴び、連邦政府は「焚書」の処置をとるが、後に根拠のない非難ということになり、全米ソーシャルワーカー協会によって1952年に再版された。
25）仲村優一『仲村優一著作集　第四巻　社会福祉の方法―ケースワークをめぐる諸問題―』旬報社、2002、p.162
仲村は、この論文で公的扶助におけるサービスの問題について決定的な影響を受けたとしている。
26）同上書、pp.203-204
27）仲村優一「戦後半世紀の社会福祉を振り返る」『仲村優一著作集第八巻　社会福祉講話』旬報社、2003、pp.32-33
28）同上書、p.33
29）副田義也『生活保護制度の社会史』東京大学出版会、1995、pp.54-55
30）社会福祉研究所編『木村忠二郎日記―故・木村忠二郎先生記念―』社会福祉研究所、1980、pp.133-135, 205
31）仲村優一「戦後における公的扶助制度の転回（二）―処遇方法を中心として―」日本社会事業大学救貧制度研究会編『日本の救貧制度』勁草書房、1960、p.354

32）前掲書29）、p.56
33）松田真一「社会福祉本質論争」真田是編『戦後日本社会福祉論争』法律文化社、1979、p.12
34）同上書、p.12
35）前掲書33）、pp.59-61
36）黒木利克『日本社会事業現代化論』全国社会福祉協議会、1958、pp.234-236
37）前掲書33）、pp.21-22
38）前掲書25）、p.187
39）前掲書25）、p.188
40）岸勇「公的扶助とケースワーク」野本三吉編、岸勇『公的扶助の戦後史』明石書店、2001、pp.129-131
41）前掲書31）、p.357
42）仲村優一「＜コメント＞ケースワーク研究」『社会福祉学』No.6、日本社会福祉学会、1966、p.84

【参考文献】
・菅沼隆『被占領期社会福祉分析』ミネルヴァ書房、2005
・田中壽『戦後社会福祉基礎構造改革の原点―占領期社会事業と軍政―』筒井書房、2005
・村上貴美子『占領期の福祉政策』勁草書房、1987
・一番ヶ瀬康子・井岡勉・遠藤興一編『戦後社会福祉基本文献集3　現代社会事業の基礎』（厚生省・日本社会事業専門学校共同主催、現任教育講習会資料、昭和24年10月）日本図書センター、2000
・大阪社会福祉協議会『大阪社会福祉研究第1巻』（1952年1～5月）日本図書センター、2009
・大阪社会福祉協議会『大阪社会福祉研究第2巻』（1952年6～11月）日本図書センター、2009

第 2 章

公的扶助ケースワークの歴史的展開（2）

■はじめに■

　本章では第1章に引き続き、公的扶助ケースワークの展開を、福祉事務所の変遷と絡めて1970年代から2010年代の現在に至るまで論述する。

　1970年代には「福祉センター構想」等、積極的に福祉事務所の改革が論議され、提示された。不発に終わったこの改革論がどのようなものであったのかについて紹介・検証する。また同じ時期にわが国が手本としたアメリカの公的扶助ケースワークが、現金給付とケースワークの分離を図ることになるが、その経緯とそれが及ぼした影響について簡単にふれる。次に福祉事務所の内在的な改革論議が終息後、1980年代に入ると生活保護は厳しい「適正化」政策の時期に突入し、公的扶助ケースワークは形骸化していく。また福祉事務所は1980（昭和55）年から2000（平成12）年にかけて「福祉関係八法改正」「地方分権一括法」「介護保険法」「社会福祉法」という一連の制度改革の中で再編・変革という動乱の時期に突入する。その時期の制度改正とそれが及ぼした福祉事務所制度の変化について、順を追って論述する。そして2000年代に入ると、生活保護制度の見直しが図られるとともに、欧米に倣ったワークフェア政策が自立支援プロ

グラムとして導入される。またこの時期に、公的扶助ケースワークのあり方をめぐって、現金給付とケースワークの統合論と分離論が再燃するが、この両論について紹介・検討する。そして2010年代に入り、生活保護法改正と第2のセーフティネットたる生活困窮者自立支援法が成立するが、その内容とそこでの公的扶助ケースワークのあり方について論及する。

I　福祉事務所改革論と生活保護解体論

1．福祉六法体制と「新福祉事務所運営指針」

　福祉事務所制度が発足すると、厚生省は福祉三法（生活保護法［1950年］・児童福祉法［1947年］・身体障害者福祉法［1949年］）体制下における福祉事務所体系の整備に着手すべく、1953（昭和28）年2月に「福祉事務所運営指針」を提示した。そこでは「福祉事務所職員の質と量の充実」、「現業機関としての性格の明確化」のための業務の標準化と組織形態の標準化が示された。しかしこの指針は、同年10月の市町村合併促進法に伴う郡部福祉事務所の減少と市部福祉事務所の増大という状況にあって、さらには生活保護における第1次「適正化」政策の進行の中にあって、指針が示した福祉事務所そのものの体制論は十分論議されないまま推移した。

　1950年代後半以降、それまでの福祉三法に加えて精神薄弱者福祉法（1960年、現：知的障害者福祉法）、老人福祉法（1963年）、母子及び寡婦福祉法（1964年、現：母子及び父子並びに寡婦福祉法）が制定され、福祉六法体制となるとともに、国民年金法（1959年）、国民健康保険法（1958年）の制定による国民皆年金皆保険体制が整備された。

　これに伴い福祉事務所では1960（昭和35）年以降、社会福祉主事のほかに、精神薄弱者福祉司（現：知的障害者福祉司）、老人福祉指導主事、母子相談員（現：母子・父子自立支援員）が設置され、その専門的な職務内容が通知等で示され

た。また1964（昭和39）年には家庭児童相談室が設置され、家庭児童福祉主事と家庭相談員が専門職員として配置された。

　こうした中で、1971（昭和46）年10月に、福祉事務所制度20周年にあたり、今後の福祉事務所像を求めて、厚生省から「新福祉事務所運営指針」が出された。この指針では「従来の生活保護から、次第にその他の社会福祉施策へと重点を移し、同時に福祉に関する『総合福祉センター』としての機能が十分に発揮できるように機構、職員を含めて、その体制を変えていくことが目的とされた。また「社会福祉行政を最も効果的に運営するために設けられた社会福祉行政の中核的な第一線の現業機関」として福祉事務所を位置づけた。そして「迅速性」「直接性」「技術性」が、現業サービス機関としての福祉事務所の必須条件であるとされた[1]。また福祉事務所問題の検討・整理にあたって、以下の3点を挙げている。まず「福祉地区問題」では今後、保健福祉活動が重視されてくるとして、保健所との関連で福祉地区や設置主体の問題について検討すべきことを提示している。また「専門職制」については、経過措置のままで推移している社会福祉主事制度（3科目主事や資格認定講習会）に疑問を呈している。そして「変動する社会に対応して」では、コミュニティケアの需要の増大と年金制度成熟化による公的扶助のあり方について述べ、これらのニーズに対応する福祉サービス定着化のための福祉事務所のあり方について言及している[2]。

　さらに福祉五法充実強化という観点から「福祉事務所標準組織図」を提示し、従来の庶務課・保護課の二課制から、保護課（生活保護法）・福祉課（福祉五法）に所管課を分け、事項別・単法別の専門的対応によるスペシフィックな体制を提示した。

　そしてまた福祉事務所は、地域住民の多様な福祉ニーズに対応すべく、計画的・効率的な福祉施策の推進が求められるとして、地域福祉計画の必要性を提示した。

　この指針で提示された課題等については、当時としては時代を先取りしており、保健と福祉の統合、公的扶助のあり方、地域福祉計画など、21世紀の時代につながるものであった。

2．「実験福祉事務所」と小地域総合担当制

　「新福祉事務所運営指針」の「総合福祉センター」実現を目指すべく、厚生省は1973～75（昭和48～50）年の３年間にわたり、全国22ヶ所の福祉事務所を「実験福祉事務所」として指定し、今後のあるべき姿を検討することとした。具体的には小地域総合担当制と事項別担当制のいずれが適切かの比較実験であった。前者は福祉六法総合担当のゼネリック・ケースワークであり、後者は単法担当のスペシフィック・ケースワークである。

　この実験の結果、相対的に小地域総合担当制の有効性が示された。例えば小地域総合担当制をとった青森県東地方福祉事務所では、①職員の地域に対する責任が明確になり、地域住民からの信頼が得られやすいこと、②組織での職員相互の連帯感やモラールが高まったこと、③地域と緊密な関係がとれ、地域のニーズに迅速かつ的確に対応できることなどが挙げられた。なお課題としては、①研修等による職員の専門性の向上、②訪問回数倍増による職員の増員の必要があることなどが挙げられた[3]。他方、事項別担当制をとった香川県中部福祉事務所では、①訪問効率が悪く、また事務量に不均衡が生じやすいこと、②広域の担当であるため、地域のニーズに的確かつ迅速に対応しがたいこと、③職員相互の協力意識が希薄になることなどが挙げられた。これらの結果は「新福祉事務所運営指針」で提示した事項別担当制が有効でないことを示すものであった。

　厚生省はこれらの実験結果を集約したものの、「福祉５法担当現業員の配置が進んでいないこと等によって必ずしも福祉事務所が地域の福祉ニーズに対応し得ない実態にある」とし、「今後、更に検討を重ねながら福祉事務所のあるべき姿について考えていく必要がある」とするに留まった[4]。職員の増員ということが大きな障害になったようである。そして以降、それまでの厚生省の改革の意気込みは、1973（昭和48）年のオイルショックを発端とする財政危機、「福祉見直し論」、第二次臨時行政調査会の答申などを背景として尻すぼみになっていった。それとともに現場を巻き込んだ内在的な福祉事務所論議は全体的に

下火になっていった。

3．「福祉センター構想」と「生活保護解体論」

　さて全国社会福祉協議会は、厚生省が「新福祉事務所運営指針」を提示した同じ1971（昭和46）年に、「社会福祉事業法改正作業委員会」（1968年設置）による「福祉事務所の将来はいかにあるべきか―昭和60年を目標とする『福祉センター構想』―」（以下「福祉センター構想」）を発表した。この構想は、経済社会の変動に伴う福祉ニーズの高度化・多様化に対応すべく、戦後25年を経た福祉事務所が「公的扶助中心の福祉サービスから、地域福祉サービスを取り入れた幅広い福祉サービス体系へ」転換することを意図したものであった。いわゆる「生活保護事務所」的色彩からの脱却を目的としたものといえる。

　この構想ではイギリスを想定して、目標とする1985（昭和60）年までに、①生活保護は年金制度の充実により補助給付化すること、また、②老齢・母子・障害者等の対象者別ナショナル・ミニマム設定の所得保障体系化により生活保護は解体すること、したがってそこでは、③現在の経済給付とケースワークは分離することが必然となり、公的扶助の手続きは資産調査から所得認定に簡素化されることを前提とした。そして住民に質の高い福祉サービスを身近に提供しうる専門機関として、いわゆる「福祉センター」を人口10万人以上の市では単独で設置し、小さい市町村では一部事務組合により設置するというものであった。

　そしてその「福祉センター」では、①福祉サービス、②相談（インフォメーションサービス・インテーク）、③計画（地域福祉計画の策定・調整・福祉広報）、④集団活動育成援助、⑤経済給付の５つの機能を持つとした。さらにそこでの基本的業務は「児童を中心とする家庭訪問、老人、障害などの各専門分野の問題あるいは複雑で解決の困難な問題に対し、専門職員が積極的に取り組み、相談、指導と必要な福祉の措置などを含むソーシャルワーク・サービスを行なう」とし、一方、福祉センターでは対応できないような高度の判定・指導を行う機

関として「社会福祉判定指導センター」を都道府県に1ヶ所ずつ設置するというものであった[5]。

この構想の作業委員長であった仲村優一は、構想が目標とした1985年の時点で、次のように振り返っている。「この提案の成否の鍵は、公的扶助制度をどのように変えていくかがまず基本であり、そのこととの関連で福祉サービスの提供と運営の仕組をどのように変えていったらよいのかを明らかにすることであった」とし、そのために公的扶助の補足給付化を提案し、「思い切って変える」という考えの表現として「生活保護の解体」という言葉を用いたという。ところが公的扶助の補足給付化は全く実現を見なかったし、他方、普遍的な福祉サービスの選択的利用は、とくに社会福祉施設の量的拡大により、その気配は見られるものの前途遼遠であると述懐している[6]。

このように構想そのものは、公的扶助における経済給付と対人サービスの分離、市町村による社会福祉サービスの実施など、きわめて斬新であり、将来の福祉事務所問題を予見する先見性を有していた。しかし、いわゆる「生活保護解体」をめぐって激しい反対論議を引き起こした。結局のところ、「福祉センター構想」は時期尚早として現状維持論が優位を占めた。そしてその後は、オイルショック以降の低成長、財政危機という時代推移の中で、この構想は大きな波紋を投げかけたものの影を薄めていくことになった。

また一時、30数自治体に上った福祉専門職採用が多くの自治体で相次いで廃止されていった。そして生活保護の現場では「しらけ」意識が叫ばれるようになった。

II　アメリカにおける現金給付とケースワークの分離

この頃、わが国が手本としたアメリカの公的扶助ケースワークはどうであったか。前述のように1935年の社会保障法成立以来、公的扶助の役割が増大し、多くのソーシャルワーカーが公務員として雇用され、現金給付とケースワーク

第 2 章　公的扶助ケースワークの歴史的展開（2）

は統合的に実施された。1940年代から50年代には公的扶助が不道徳を生み出してはならないとして、ケースワーカーによる被保護者への過度な監視と権利侵害も行われた。

　1962年の社会保障法修正により「リハビリテーションモデル」の導入とケースワーカーの大幅な増員が図られた。いわゆるアメリカの「貧困の再発見」の時代にあって、被保護者に対して最低生活の経済保障のみならず、社会的適応の促進が重要であるとして、専門的ケースワークにより被保護者を「リハビリテーション」することに重点が置かれるようになった。しかしこのモデルは専門的なケースワーク対応に結びつかず、一方で被保護者と公的扶助支出の急増を招くことになった[7]。

　こうした中でアメリカケースワーク界の泰斗、ハミルトン（G. Hamilton）が公的扶助における現金給付とケースワークの分離を主張した。ハミルトンは1962年に専門誌『Social Work』において分離を訴え、具体的には現金給付部門とケースワーク部門とを分離することにより、ケースワーカーはサービス提供に専念できるというものであった[8]。

　そしてこの分離論を強力に推進したのがジョージ・ホシノ（G. Hoshino、PHWの公的福祉担当官として占領期のわが国で活躍し、帰国後はミネソタ大学の教授となった）であった。さて、このホシノは公的扶助の受給資格審査の簡素化により、権利としての公的扶助を確立すべきこと、分離によって被保護者にサービス選択の自由を与えるべきことを主張した。すなわち資格審査は一般事務員で事足り、サービスは被保護者が求めたときのみ対応すべきと主張した。そしてこのことにより、サービスは被保護者のみならず一般市民にも拡大されるべきとした[9]。

　これらの提言を受けた形でカリフォルニア州をはじめ、いくつかの州で現金給付とサービスの分離実験が行われた。そして1972年に連邦政府は、州・地方政府に分離を義務づける規則を施行した。さらにこの規則を明確化する形で、1974年の社会保障法XXでは公的扶助における現金給付とサービスの分離が図られ、サービスは被保護者のみならず一般市民にも利用できるようにされた[10]。

こうして分離が推進されたが、その過程でいくつかの問題が顕在化してきた。調査結果によれば、まず分離によって、被保護者がサービスを求めなくなったことである。これはケースワーカーとの信頼関係が希薄になったことによる。次に被保護者が直接的に接触する現金給付の職員にもケースワークの専門性が求められたことである。さらに分離によってケースワーカーが公的扶助に関心を持たなくなったことである[11]。

　ちなみにこの頃、アメリカの社会状況はベトナム戦争に対する反戦運動と戦争敗北、公民権運動、福祉権運動の激化、貧困の蔓延化により、豊かさと繁栄を誇った1950年代のアメリカン・ドリームの時代と打って変わって大きく混乱・動揺していた。そうした中でケースワーク専門職は、その心理主義化と中産階級へのサービス対象焦点化のために「愛されぬ専門職」として社会から強く批判された。ケースワーク論の大家、パールマン（H. H. Perlman）が「ケースワークは死んだか」（1967年）という論文を発表したのもこの時期であった。

　さて分離によるマイナス状況を受けて、連邦政府の分離義務規定は1976年12月に廃止された。しかし多くの州ではその後も分離されたままで推移している[12]。

　なお2006（平成18）年３月に、神戸学院大学での講演に訪れたエンパワメント論の主唱者であるコックス（E. O. Cox）教授に、分離論について筆者が質問したところ、「あの頃は分離することにより、一般市民にもサービスが提供されることになるとして、自分を含め多くの研究者が賛成したが、その後のアメリカ社会の経過は却って貧困が蔓延化し、分離は間違っていたということを知らされた。単なる政府のコスト削減の政策に乗じられただけであった」と述懐していた。

Ⅲ　生活保護適正化政策の進行とケースワークの形骸化

　この頃、わが国の生活保護の状況はどうであったろうか。1980年代に入って、いわゆる第３次「適正化」政策期（1981年～）に突入することになる。自立助

長ケースワーク論は、ますます稼動年齢層排除のために機能した。この第3次「適正化」政策は、オイルショック以降の不況、財政硬直化、財政危機の下での社会保障の抑制を背景として、とくに暴力団員の不正受給を契機として活発化した。

　1981（昭和56）年11月には社保123号通知「生活保護の適正実施の推進について」が発行された。これは資産調査の関係機関照会を、白紙委任による同意書に基づき徹底化していくものである。このことは申請者との信頼関係を損なうとともに、申請権そのものの侵害にもつながるものであった。この通知とそれに基づく監査の強化は、同意書一斉徴収、課税調査、生活圏金融機関調査等の実施により、稼動年齢層の徹底的排除、保護率の急落とともに、全国の福祉事務所の現場に深刻な影響をもたらした。被保護者をして保護廃止に至らせるマニュアルが厚生省の奨励の下、各地の福祉事務所で作成され、公的扶助ワーカーとしての主体的判断や裁量が必要とされなくなった[13]。そして厚生省は「常識で対応すること」「納税者感覚を持つこと」「ケジメある行政」といったことを盛んに強調するようになった。まさに惰民養成排除そのもののための生活保護制度となり、ケースワークは不正受給防止のための資産調査の手段と化したともいえる。

　占領期以来、長らく公的扶助ケースワークの理論的指導者であった仲村は、「最低生活保障の部分と援助の部分が同じ機関や人で実施されていいのかは、当初から問題になっていた」と述べている。そしてイギリスはもとより、アメリカでもケースワークが分離していることを述べ、「経済的な保障としての制度とは切り離して、福祉サービスを提供する仕組をつくることが時の趨勢だ。今後の生活保護法改正の過程で、もっとはっきりさせざるをえないだろう」と述べている[14]。

Ⅳ　福祉事務所の再編と変革の進行

1．社会福祉の「団体事務」化と国庫負担の削減

　1980年代後半以降、「民間活力の推進」「規制緩和」などを旗印とする「小さな政府」という国家観転換の下、社会福祉における国と地方の役割の見直しが大きなうねりとなって展開していくことになった。そしてそうした行政改革のうねりの中で、福祉事務所の役割や機能も大きく変容していくことになった。

　1986（昭和61）年に「地方公共団体の執行機関が国の機関として行う事務の整理及び合理化に関する法律」（第2次機関委任事務合理化法）が制定された。この法律により、1987（昭和62）年度から社会福祉施設への入所措置などに関する事務の多くは機関委任事務から団体委任事務へ転換した。従来、中央集権的な機関委任事務方式が地方自治の本旨や社会福祉行政の発展を阻害するものとして、各方面で強い批判の対象になっていた。

　国はこうした批判に応える形で、また施設福祉サービスの量的拡大と在宅福祉サービスの進展により、福祉サービスが選別性から普遍性へ移行しているという認識の下、この法制定を行ったが、他方で財政再建、「日本型福祉社会」という行政改革の観点から社会福祉措置費の国家負担率引下げという代償措置を行った。そしてこの国庫負担率の引下げは1985（昭和60）年以降、暫定的に行われ1989（平成元）年には恒久化した。すなわち施設入所措置の国庫負担割合は、それまで8割であったのが1985年には7割、1986（昭和61）年には5割となり、3年間の特例措置とされたが1989（平成元）年には固定化された。また生活保護費はそれまでの8割から1985（昭和60）年に7割、そして1989（平成元）年には7.5割に変化し固定化された。

2. 「福祉関係八法改正」と福祉事務所の機能再編

　1989（平成元）年3月に、中央社会福祉審議会の福祉関係3審議会合同企画分科会による意見具申「今後の社会福祉のあり方」が出された。この意見具申では、これからの福祉理念として、①ノーマライゼーション、②福祉の一般化・普遍化、③サービスの総合化・体系化、④選択の幅の拡大を挙げた。そしてこれらの理念をベースにして、具体的な改革の方向性として市町村の役割重視等、6項目が挙げられ、さらに社会福祉見直しの具体的方策として市町村の役割重視・新たな運営体制の構築等、5項目が挙げられた。そしてこの「市町村の役割重視・新たな運営体制の構築」において、今後の社会福祉行政の運営体制や福祉事務所の方向性などが具体的に示された。その主要な関係事項として、福祉行政の実施においては「住民に身近な行政は、可能な限り住民に身近な地方公共団体が実施する」ことを基本的な考え方にすることとした。そして住民に身近な事務を担当する市町村（市部福祉事務所）、広域的な事務を担当する都道府県（郡部福祉事務所）の役割が示された。

　この意見具申「今後の社会福祉のあり方」に基づき、1990（平成2）年6月に「福祉関係八法改正」（「老人福祉法等の一部を改正する法律」）が制定された。ここでの福祉事務所の関連事項を挙げると次の通りである。

① 在宅福祉サービスが法定化された。
② 老人および身体障害者の入所措置権が都道府県から町村へ委譲された。これにより町村でも施設・在宅福祉サービスの一元的提供が可能になった。
③ 市町村および都道府県に老人福祉計画の策定が義務づけられた。
④ 福祉事務所の機能再編が行われた。すなわち、郡部の福祉事務所は老人および身体障害者の入所措置事務がなくなり、福祉六法体制から4法体制に移行した。そして郡部福祉事務所は管内の市町村に対して、広域的な観点から施設・在宅福祉サービスの実施に対して連絡調整を行うこととなった。
⑤ 町村に社会福祉主事の設置が可能になった（任意設置）。それにより社

会福祉主事と福祉事務所との関係が分離独立になった。

⑥　身体障害者福祉司が郡部福祉事務所から身体障害者更生相談所に移され、身体障害者更生相談所の機能強化が図られた。

こうして郡部福祉事務所は現業事務がスリム化されて4法（生活保護法・児童福祉法・母子及び寡婦福祉法・知的障害者福祉法）体制、市部福祉事務所（政令市・特別区・市および福祉事務所を設置する町村）は従来どおり6法体制、そして町村は老人福祉法・身体障害者福祉法の2法を担当する体制となった。

この機能再編に伴い、機構改革が行われる福祉事務所が多くなった。例えば郡部福祉事務所では、地域福祉部門や企画・計画部門の新設・拡充がなされたりした。こうして福祉五法、とくに高齢者や身体障害者福祉を中心として福祉事務所の機能再編が急速に進行していった。また一方では、新たに2法を担当することになった町村においては、不十分な職員体制による専門性や事務対応能力についての不安と課題を残すことになった。

他方、生活保護部門の機構改革はこの間、凍結状態であった。「福祉センター構想」に対する各方面からの猛反発以来、厚生省は生活保護体制の改革論議に関しては「羹に懲りて膾を吹く」という様相であった。しかしその生活保護現場では「123号通知」（1981年）による第3次「適正化」政策（1981年～）の進行と相俟って、「札幌母親餓死事件」（1987年）に代表される人権侵害事例の頻発とともに、職場の生活保護ケースワーカー集団の間にはバーンアウト現象が広まり、「福祉川柳事件」（1993年）が生じたりした。

3．福祉事務所の変革の進行

2000（平成12）年4月1日から「地方分権の推進を図るための関係法律の整備に関する法律」（1999年、以下「地方分権一括法」）が施行された。この法律は、1995（平成7）年制定の「地方分権推進法」に基づき設置された「地方分権推進委員会」（以下「委員会」）が行った4次にわたる勧告等を具体化した法律である。

「地方分権推進法」成立の背景には、機関委任事務の増大に伴う国の役割の拡大と国家財政の大幅な赤字ということがあった。またそれとともに行政改革の推進による中央集権型行政システムから分離型行政システムへの転換の必要性ということがあった。

こうして「委員会」の4次にわたる勧告では分権型行政システムの構築が目的とされた。そしてそこでは国と地方の担うべき事務の基本原則が定められた。すなわち地方自治体の事務については機関委任事務を廃止し、法定受託事務と自治事務に分けることとされた。ちなみに社会福祉に関する多くの事務は、先に述べたように1986（昭和61）年の「第2次機関委任事務合理化法」により、すでに機関委任事務でなくなっていたが、社会保障全体に関する事務は、この段階で次のように整理された[15]。①ナショナル・ミニマムに関わる現金給付は国の事務、②社会保険は国民健康保険および介護保険を除き、国の事務、③福祉・保健サービスは地方自治体（市町村）の事務とされた。

またこの「委員会」では、行政組織における必置規制の見直しについても勧告した。すなわち必置規制は地方自治体の自主組織を制約するとともに、総合化と効率化を阻害するという認識に立って、その見直し項目を個別・具体的に示した。とくに保健・福祉の分野では、専門的知識や技術の確保のために数多くの必置規制が行われているが、わが国独特の年功序列、ゼネラリスト養成の雇用システムの下では、これらが必ずしも実効性を持たなかったとして、必置規制の廃止・緩和を勧告した。このため保健・福祉分野においては、事務の見直しよりはむしろ、この必置規制の見直しの方が大きなインパクトとなったといえる[16]。

こうした経緯を経て「地方分権一括法」が1999（平成11）年に制定され、翌2000（平成12）年に施行となった。この法律により機関委任事務が廃止され、社会福祉の分野では、福祉サービスの事務のほとんどが市町村の自治事務となった。法定受託事務となったのは、先の整理方法に基づく生活保護に関する事務（保護決定・保護施設に関する認可・監督指導等）のほかには、社会福祉法人に関する事務（設立認可、指導監督等）のみである。なお生活保護では、

法第27条の2に被保護者の自立助長のための事務が、新たに自治事務として付け加えられることになった。他方、必置規制の見直しでは、福祉事務所関係に限定すると、①福祉事務所の設置に関する法定基準の撤廃（従来は人口10万人ごとに1ヶ所の設置基準が、都道府県および市［特別区を含む］は地域の実情に応じ自主的判断に基づき、条例により設置可能とした）、②現業所員の最低配置基準の標準化（従来は80ケースに1人、あるいは65ケースに1人の最低基準）、③指導監督所員および現業所員の職務専任規制の緩和（すべての福祉事務所の指導監督所員および現業所員は、本来の職務に支障がない限り、他の社会福祉または保健医療に関する事務に従事可能とした）、④知的障害者福祉司、身体障害者福祉司の名称制限の緩和（「〜の福祉に関する事務をつかさどる職員」とした）、⑤知的障害者更生相談所、身体障害者更生相談所の名称制限の緩和（「〜に関する相談所」とした）などがある。

なお、②の現業所員の最低配置基準から標準化への規制緩和により、被保護者が急増していた大都市では、1ケースワーカーあたり100ケース以上担当という実態が常態化する一方で、嘱託職員やパート職員を採用し、この事態に対応することも一般化してきた。

4．「措置から契約へ」の移行と福祉事務所

「介護の社会化」を目指して、1997（平成9）年の臨時国会で「介護保険法」が成立し2000（平成12）年4月1日から施行となった。

この介護保険法では、それまで福祉と保健、医療に分立していた介護に関する制度を再編成し、「利用しやすく」「公平で」「効率的な」サービスの一体的提供を目的とした。そして制度の基本理念として、①介護の社会化、②利用者本位とサービスの総合化、③社会保険方式の導入、④市町村中心の制度運営、⑤社会保障基礎構造改革の第一歩を挙げた。すなわちこの介護保険制度は、利用者の自由なサービス選択と民間、非営利を含めた多様な事業主体からの総合的サービス提供を基調とした、社会保険方式による施設や在宅の介護サービス

給付の制度である。

　この制度では、それまでの例えば（市部）福祉事務所からの一方的な「措置」というサービス利用方式ではなく、利用者の自由な選択による多様なサービス提供者との間の「契約」という利用方式となる。そこでは、高齢者福祉に関する（市部）福祉事務所の相談・措置という機能は大きく後退・縮小することになった。すなわち相談機能については、住民に近接した在宅介護支援センターや居宅介護支援事業者が、相談からサービス調整までのケアマネジメント機関として肩代わりすることになった。いわゆる公的サービスの民間委託化ないし民営化である。そして「措置」という事務は、養護老人ホーム入所と虐待などの特別なケースに限定された。こうして（市部）福祉事務所の高齢者福祉に関する機能は、主として関係機関の連絡・調整や介護認定事務などとなった。そして機構改革により介護保険係が新設される（市部）福祉事務所が多くなった。

　厚生省は「社会福祉事業法」制定後、半世紀間に社会福祉を取り巻く状況が大きく変化したという認識の下、社会福祉の基礎構造全体を抜本的に改革する必要があるとして、1997（平成9）年11月に「社会福祉の基礎構造改革について（主要な論点）」という報告書をまとめた。

　そしてこの報告書に基づいて2000（平成12）年6月に「社会福祉法」が成立した。その改正のポイントは、①利用者の立場に立った社会福祉制度の構築（福祉サービスの利用制度化、利用者保護制度の創設）、②サービスの質の向上、③社会福祉事業の活性化（社会福祉事業の範囲の拡充、社会福祉法人の設立要件の緩和と運営の弾力化、多様な事業主体の参入促進）、④地域福祉の推進（地域福祉計画の策定、社会福祉協議会・共同募金・民生児童委員の活性化）を挙げている。

　この法制定により、社会福祉のシステムは大きく変化することになった。それは半世紀にわたって続いてきた「措置」制度から「契約」制度への変換であった。そこでは福祉サービスの利用は、利用者本位の考え方により、措置費方式から支援費方式に転換し、利用者の応能負担が採用されることになった。他方では民間事業者やNPO等の参入による福祉サービスの多様化や市場原理に基

づく競争主義の導入、公的サービスの外部委託化などが図られることになった。

このことにより、2003（平成15）年4月から障害者福祉分野が支援費制度に移行することになった。すなわち身体障害者・知的障害者の各種施設・在宅サービス利用は、この支援費方式が採用されることになった。また同時に、知的障害者福祉の事務が、都道府県から町村移譲になった。このため福祉事務所の機能再編がさらに進行し、郡部福祉事務所は三法（生活保護法・児童福祉法・母子及び寡婦福祉法）、市部福祉事務所は福祉六法、町村は三法（老人福祉法・身体障害者福祉法・知的障害者福祉法）を所管する体制となった。また機構改革についてもとくに市部福祉事務所では、障害者福祉を中心とした福祉五法の総合相談窓口が設置され始めた。

なお2002（平成14）年4月からは、精神保健福祉法の改正（1999年）に伴い、精神障害者の居宅生活支援事業（グループホーム・ホームヘルプ・ショートステイ）、およびそれらの福祉サービス利用に関する相談・調整（ケアマネジメント）、さらに精神障害者保健福祉手帳や通院医療費公費負担の申請窓口が、都道府県（保健所）から市（市部福祉事務所）・町村に移譲された。また相談・助言については精神障害者地域生活支援センターに委託可能となった。

こうして21世紀に入って、「地方分権」や「措置から契約へ」の移行により、福祉事務所のあり方が大きく変化してきた。

V　生活保護制度の見直しとワークフェアの導入

1．生活保護制度の見直しと自立支援プログラム

社会福祉基礎構造改革の最後の課題として、生活保護制度の改革が残されていた。生活保護制度は法施行以来、半世紀以上にわたって理念・目的・原理・原則をほとんど変えることなく、国民生活の「最後の砦」として、セーフティネット中のセーフティネットとして機能してきた。

しかしとくにバブル崩壊後の1990年代後半以降、保護率の上昇とともに、他方ではホームレス、孤独死、外国人労働者などの新しい貧困が顕在化し始めた。さらに2000年代に入るとグローバル化を背景とする格差社会の進行により、派遣労働者・パート・フリーター等の非正規雇用労働者の急増に伴うワーキングプア（働く貧困層）問題が深刻化し始めた。そしてわが国はOECD報告（2005年）によれば貧困率（可処分所得の中央値の50％以下の人の割合）が、先進国の中でアメリカに次いで２番目に高い国となった。

　こうした中で生活保護制度の見直しのために、2003（平成15）年７月に「生活保護制度の在り方に関する専門委員会」（社会保障審議会福祉部会）が設置され、翌2004（平成16）年12月に報告書が発表された[17]。

　この委員会では「利用しやすく自立しやすい」生活保護制度という基本方向の下、①生活保護基準のあり方、②生活保護の制度・運用のあり方と自立支援、③制度の実施体制の３点が検討された。①については、多人数世帯生活扶助基準の是正（2005年度～）、老齢加算の段階的廃止（2004年度～）、母子加算の段階的廃止（2005年度～）、生業扶助における高等学校等就学費の創設が図られた。②については、各自治体における自立支援プログラムの導入（2005年度～）が図られた。そして③については、財源の確保と職員の専門性向上による組織的取組の必要性が提起された。

　ここでとくに②の自立支援プログラムについて述べると、2005（平成17）年３月31日付で「平成17年度における自立支援プログラムの基本方針について」（厚生労働省社会・援護局長通知）と「自立支援プログラム導入のための手引き」（同省社会・援護局保護課策定）が示された。そしてそれに基づき各自治体、福祉事務所は「自立支援プログラム」を導入し、個々の被保護者に即した「個別支援プログラム」を計画、実施することになった。

　この自立支援プログラムでは、その自立概念として就労による経済的自立の支援（就労自立支援）のみならず、自己の健康や身辺管理など日常生活における自立支援（日常生活自立支援）、社会的つながりの回復・維持などの社会生活における自立の支援（社会生活自立支援）をも含んでいる。そして最低生活

保障とともに、このプログラム活用により被保護者が生活再建をし、地域社会に参加し、労働市場に再挑戦することを目指している。

この自立支援プログラムでは、地方自治体、福祉事務所が自主性・独自性を生かして、多様な支援メニューを整備することが必要とされる。そして担当職員は被保護者の実情（経済生活的・日常生活的・社会生活的諸側面における自立阻害要因等）のアセスメントを行い、それに基づき個別の自立計画を策定し、多様な支援メニューの選択を通じて職業訓練等の支援を行う。そこでは被保護者の多様なニーズに対して、多様なサービスを適切に組み合わせて的確に対応するケアマネジメントの手法が有効となる。なお、このプログラム実施においては、被保護者の同意が原則とされている。もし被保護者が正当な理由もなく参加を拒否、あるいは取組が不十分な場合には、文書による指導・指示の上、保護の変更、停止または廃止となる。

この自立支援プログラム導入により、自治体とハローワークが一体となった就労支援である「福祉から就労」支援事業が展開する一方で、全国の福祉事務所では嘱託職員の採用、あるいは社会福祉士会・NPO団体への業務のアウトソーシング化が進行していった。

2．「期限付き福祉」とワークフェア

2006（平成18）年10月に地方自治体の側から「新たなセーフティネットの提案～『保護する制度』から『再チャレンジする人に手を差し伸べる制度』へ」（『新たなセーフティネット検討会』全国知事会・全国市長会）が出された[18]。

この「検討会提案」では、現行の生活保護制度は戦後社会の大変化に適応できず、「制度疲労」を来たしており、「国民の自立自助の精神とも調和」しなくなっているとの基本認識の下、生活保護制度による被保護者を高齢期と稼動年齢期の2つに区分し、後者の稼動年齢期の被保護者の保護適用期間を最大5年までとしたことが特徴である。なお前者の高齢期については「国民年金（基礎年金）保険料を納めた者が報われる」べく、「生活保護制度とは別の生活保障

制度を将来的に創設」すべきとしている。

　ここで保護の適用期間を最大限5年に設定した稼動世代に対して、1年程度の職業教育の必要性を考慮し、「プログラムに真剣に参加することを条件として給付が行われる」べきとし、保護適用期間は「福祉事務所や関係機関が積極的に要保護者とともに、就労自立のために目標を定め、プログラムを組み、複合的な就労阻害要因の除去、職業紹介等、一連の行動を伴う期間」とし、職業訓練等の多様な就労支援策が準備されるべきとした。

　この「検討会提案」では、生活保護制度における稼動世代と高齢世代の区分による一般扶助主義から範疇（カテゴリー）別扶助主義への移行、稼動世代に対する最大限5年の保護適用というアメリカの福祉政策TANFに倣った「期限付きの福祉」といった斬新性を有している。

　このように「自立支援プログラム」の導入、あるいは「検討会提案」による「期限付き福祉」と多様な就労支援策にみられるように、わが国の生活保護改革においてもワークフェアの政策や思想が急速に展開し始めた。

Ⅵ　公的扶助ケースワークの分離論と統合論の論争

　生活保護におけるケースワーク機能と経済給付機能をどのように捉えるべきかは、戦後まもなくの生活保護サービス論争、それに続く「仲村－岸論争」以来の公的扶助ケースワークの命題であり、またこのことは福祉事務所のあり方に関わる命題でもある。

　先に述べたように「地方分権一括法」により、これまで機関委任事務であった生活保護事務は法定受託事務と自治事務に分類された。これにより生活保護の経済給付に関する業務は法定受託事務、自立助長などケースワーク業務は自治事務となった。また一方で、生活保護ケースワーカーの配置基準が標準化へ規制緩和され、さらに被保護者の急増に伴い生活保護業務のアウトソーシング化が進行した。

こうした生活保護をめぐる動きの中で、あらためて公的扶助ケースワークのあり方について分離論、統合論の論争が2003～2005（平成15～17）年にかけて雑誌『賃金と社会保障』で、幾人かの論者により展開された。
　まず分離論を提唱したのは清水浩一である。清水によれば、生活保護を「社会手当」化し、生活保護の決定（金銭給付）と相談援助業務（ケースワーク）は分離すべきであるとした。そして統合論を排して分離論を主張する理由として、次の３点を挙げている。すなわち、①わが国の多くの自治体が、生活保護業務における専門職制度確立を軽視してきた結果、生活保護の担当職員に高い専門性を求めることができないこと、②専門性が低位であるがゆえに、被保護者に対して権威主義（パターナリズム）的、あるいは差別的対応をする危険性があること、③一人の担当者が金銭給付と相談援助の両方の業務を必ず行わなければならないと考える必要はないことである[19]。
　これに対して統合論の立場から吉永純は「福祉事務所はまず金銭給付を行うことが重要であるが、それだけでは問題は解決しないことが多い。適切な社会資源と結びつけ、迅速にサポート体制を組むなど、金銭給付と同時にケースワークが求められる」とした。そして「分離論は現在の生活保護抑制政策とそのもとでの行政運用を前提にして、ケースワークを分離することが想定されている」とした。さらに生活保護問題の深刻な状況は123号通知以来、顕在化しているとして、「金銭給付と相談援助とを一体的に行うという生活保護制度そのものに問題があるというよりは、むしろ現行の政策そのものに問題の本質がある」とした[20]。
　この２人の論争を中心に、分離論から池田恵理子、統合論から長谷川俊雄らが論じた。ただ統合論の吉永、長谷川も生活保護業務のアウトソーシング化という動きの中で、分離がやむを得ない事態になったとしても、それは福祉事務所内部あるいは自治体内部で分離すべきであると一定の譲歩を示している。
　社会福祉基礎構造改革以来、規制緩和、アウトソーシング化が時代の潮流となっており、現実的に公的扶助ケースワークの形骸化が進行してきている。しかしいたずらに時代の流れに任せるだけでは、国民の貧困化がますます進行し

ていくことは明白である。そのことは先にみたように、アメリカにおいて公的扶助ケースワークが、民間委託化により統合から分離へと移行した結果、国民の貧困が蔓延化したこと、さらに期限付き福祉のTANFを招来したことは大きな示唆と警告を与えてくれる。

こうした中で京極高宣は以下のように論じている。

　巨視的かつ長期的動態的にみれば旧福祉トリアーデの原点であった社会福祉主事が近い将来に社会福祉士に代替されることによって、主事が事実上の廃止となり、したがって主事の溜まり場である福祉事務所も発展解消されることになる。(中略) 旧来の福祉事務所機能を生活保護を担当可能な社会福祉士が配置された市町村の基幹型地域包括福祉センターに転換してもしかるべきであろう[21]

ちなみに「福祉事務所現況調査」によれば2009（平成21）年10月1日時点で、生活保護ケースワーカーの充足率は89.2％（15,560人中13,881人）、うち社会福祉士資格取得者は4.9％である。またケースワーカーの経験年数では3年未満が63.6％を占め、5年未満では84.7％、業務の外部委託の状況では就労支援業務が10.7％、レセプト点検業務では58.8％という実態が示されている[22]。福祉事務所における社会福祉士資格取得者の低位性、定期的な人事異動に伴う専門性の蓄積の困難性、徐々に進行する外部委託化の状況が窺われる。

Ⅶ　生活保護法改正、生活困窮者自立支援法成立と公的扶助ケースワーク

わが国の雇用状況は、非正規雇用者の割合が2011（平成23）年平均で35.2％であり2006（平成18）年以来、全雇用者の3分の1を越えた。また年収200万円以下の給与所得者、いわゆるワーキングプアの割合は2000（平成12）年度の

18.4％から2011（平成23）年度には23.4％と増加した。一方わが国の生活保護状況は、1995（平成7）年の被保護人員88万2,229人、保護率7.0‰を最低値として、その後急増し、2012（平成24）年12月には被保護人員215万1,165人、保護率16.9‰となった。また被保護世帯類型の構成割合は2002（平成14）年では、「その他世帯」（高齢者世帯、母子世帯、傷病・障害者世帯以外の世帯）が8.3％であったのが、2012（平成24）年12月では18.5％と倍増した。さらに被保護世帯の世帯主の約4分の1が、母子世帯では約4割がその出身世帯も被保護世帯であったことが、調査結果（道中隆）により明らかにされ、「貧困連鎖」という問題がクローズアップされた。

　こうした中で、厚生労働省は先進諸国では社会保険と公的扶助の中間に、失業扶助等の第2のセーフティネットが整備されていることに鑑みて、生活保護法の改正とともに生活困窮者対策の充実強化のための生活困窮者自立支援法の制定に乗り出した[23]。これについては2012（平成24）年8月制定の「社会保障制度改革推進法」附則第2条第2号に「生活困窮者対策及び生活保護制度の見直しに総合的に取り組み、保護を受けている世帯に属する子どもが成人になった後に再び保護を受けることを余儀なくされることを防止するための支援の拡充を図るとともに、就労が困難でない者に関し、就労が困難な者とは別途の支援策の構築、正当な理由なく就労しない場合に厳格に対処する措置等を検討すること」と規定された。

　そして2014（平成26）年7月1日に生活保護法の一部改正が施行された。そのポイントは以下の4点である。

① 就労による自立促進として、保護脱却を促すための就労自立給付金を創設したこと。
② 健康・生活面等に着目した支援として、個々の受給者が健康の保持増進に努め、また収入、支出その他、生計状況を適切に把握することを受給者の責務として位置づけたこと。
③ 不正・不適正受給対策の強化として、福祉事務所の調査権限を拡大し、就労活動等に関する事項を調査可能とするとともに、官公署の回答義務を

創設したこと。また罰則の引き上げおよび不正受給に係る返還金の上乗せをすること。不正受給に係る返還金について、本人の事前申し出を前提に保護費と相殺すること。さらに福祉事務所が必要と認めた場合には、その必要な限度で扶養義務者に対して報告するように求めることとすること。

④ 医療扶助の適正化として、医師が後発医薬品の使用を認めている場合には、受給者に対し後発医薬品の使用を促すこと。

この法改正により、福祉事務所の調査権限が拡大され「お笑い芸人の扶養義務問題」[24]に端を発した扶養義務調査が強化されることになった。

一方、2015年4月1日には生活困窮者自立支援法が施行された。その法の目的は「生活困窮者自立相談支援事業の実施、生活困窮者住居確保給付金の支給その他の生活困窮者に対する自立の支援に関する措置を講ずることにより、生活困窮者の自立の促進を図ることを」（法第1条）とし、その対象は「現に経済的に困窮し、最低限度の生活を維持することができなくなるおそれのある者」（法第2条第2項）としている。また実施主体は市および福祉事務所を設置する町村としている。そして制度の事業としては以下の6つがある。

① 自立相談支援事業（必須事業）として、就労その他の自立に関する相談支援、事業利用のためのプラン作成を実施することとし、これは社協、社会福祉法人、NPOへの委託も可能としていること。

② 住居確保給付金の支給（必須事業）として、離職により住宅を失った生活困窮者等に対し家賃相当の「住居確保給付金」（有期：原則3ヶ月、最長9ヶ月）を支給すること。

③ 就労準備支援事業（任意事業）として、就労に必要な訓練を日常生活自立、社会生活自立、就労自立（就労体験）の3段階とし、有期（6ヶ月〜1年程度）で実施すること。いわゆる中間的就労である。

④ 一時生活支援事業（任意事業）として、住居のない生活困窮者に対して一定期間、宿泊場所や衣食の提供を行うこと。

⑤ 家計相談支援事業（任意事業）として、家計に関する相談、家計管理に関する指導、貸付のあっせん等を行うこと。

⑥ 学習支援事業（任意事業）として、生活困窮家庭の子どもへの学習支援を行い、貧困連鎖を防止すること。

なお、この制度では生活支援の具体的な形として、包括的・個別的、早期的・継続的、分権的・創造的支援が展開されるべきであるとした。そしてこのような個々の実情に合わせた寄り添い型の支援を展開していくためには、福祉事務所だけではなく、社協、社会福祉法人、NPOや社会的企業、さらに民生委員・児童委員、その他さまざまなインフォーマルな支援組織等が連携して、対応していくことが求められるとした。したがって、①相談支援、②就労支援、③多様な就労機会の提供、④居住確保支援、⑤家計相談支援、⑥健康支援、⑦子ども・若者支援の各領域において自治体と民間団体が、その地域に適合した創造的、分権的な取組の展開が求められることになった。

そこでは、これまで生活保護制度の下でケースワークをベースに展開されてきた「自立支援」、他方、地域福祉体制において展開されてきた「地域福祉」の両者を有機的に統合し、新たな官民協働の支援体制の構築が目指されている。その背景には、経済的困窮と社会的孤立が生活困窮リスクとして接近、重複、融合してきているという問題認識がある[25]。

この制度施行に先立ち、国はモデル事業として組織の内容を異にする6自治体（横浜市中区・豊中市・佐賀市・釧路市・名張市・臼杵市）を先進的取り組みとして紹介し、それぞれの自治体に適した取り組みを促した。ここで最も焦点となるのは、自立相談支援事業のあり方と内容である。これについて岡部は、①業務委託方式、②合同窓口方式、③常設調整チーム方式、④協議会方式、⑤連携担当者（窓口）の設置、⑥個別課題ごとの連携の6つを挙げている[26]。各自治体の方式はこれらのいずれかであり、相談支援の窓口職員体制も福祉事務所職員、人材派遣会社員、社協やNPO職員など多様である[27]。

2015（平成27）年4月1日の制度施行後、この4〜12月までの支援状況をみると、人口10万人あたり新規相談受付件数は14.8件、プラン作成件数は3.5件、就労支援対象者数は1.8件となっている[28]。

さて、生活困窮者自立支援制度の実施にあたっては、生活保護法との連続的

かつ一体的対応が求められている。そこでは、これまでの公的扶助ケースワークはどのように対応すべきだろうか。

最後のセーフティネットとしての生活保護制度、そしてその具体的業務を担う公的扶助ケースワーカーの役割は、いささかも揺るがせてはならない。福祉事務所は、そして公的扶助ケースワーカーは民間団体との協働に対応すべく、その専門性を向上させ、一方でコーディネーターとして地域の民間諸団体とのネットワーク構築につとめ、複雑多様化した地域の貧困問題に包括的・個別的・早期的・継続的に対応していくことが望まれる。まさに福祉事務所、公的扶助ケースワークの公的責任堅守のための真価が問われる時である。

■おわりに■

本章では1970年から2010年代の現在に至るまでの公的扶助ケースワークと福祉事務所制度の変遷について論述した。

1970年代には福祉事務所改革についての画期的な提案と活発な論議が展開された。しかし時期尚早ということにより改革案は不発に終わった。以降、内在的な改革論議は終息し、1980年代から2000年に至るまで福祉事務所の外堀を埋めていくような形で「福祉八法改正」「地方分権一括法」「介護保険法」「社会福祉法」といった一連の制度改正が進行していく。そうした一方で、公的扶助ケースワークは第3次「適正化」政策の進行により、不正受給防止のための手段と化し、悲惨な事例を生み出すとともに、ワーカーはバーンアウト化していった。他方で、わが国の公的扶助ケースワークの元祖であるアメリカでは、すでに1970年代に社会保障法ⅩⅩにより現金給付とケースワークが分離化した。しかしそこでは貧困がワーカーの目には希釈化され、見えなくなってしまった。

2000年代に入り、わが国では「措置から契約へ」福祉システムが大きく転換し、それとともに福祉事務所の機能も民間委託、アウトソーシング化により縮小化してきた。そして国民生活の最後のセーフティネットである生活保護制度

も見直しが図られ、そこにワークフェア政策が導入されてきた。そうした中で、公的扶助ケースワークのあり方をめぐって、分離か統合かという「仲村－岸論争」以来の論議が再燃した。

そして2010年代に入り、生活保護法改正と第2のセーフティネットたる生活困窮者自立支援法が成立した。そこでは公的扶助ケースワークは、そして福祉事務所はどのような役割を果たすべきであろうか。国民生活の最後のセーフティネットを守るために、その公的責任を堅持するとともに、コーディネートやネットワークの中核機能としての役割がますます求められよう。そのためには、民間機関やNPO等の職員と協働し、また対等に向き合うべく公的扶助ワーカーも福祉事務所も専門性を深めることが基本的要件であるといえる。各自治体には社会福祉士の専門職採用が積極的に求められるところである。

付記(1)　本章では、第1章の続きでケースワーク、ケースワーカーの用語を使用しているが、実質的にはすでに1990年前後から、公的扶助分野においてもソーシャルワーク、ソーシャルワーカーへと呼称が移行してきている。

付記(2)　本章は、既発表論文『福祉事務所の歴史的展開と今後の方向性』（福岡県立大学紀要第11巻第2号、2003年）を基に大幅に加除修正、通史として再構成したものである。

【引用文献・注釈】
1）厚生省社会局庶務課監『新福祉事務所運営指針』全国社会福祉協議会、1971、pp.10-12
2）同上書、pp.45-46
3）厚生省社会局庶務課「実験福祉事務所実施結果の概要」『生活と福祉』1979年4月号、全国社会福祉協議会、1979、pp.9-10
4）同上書、p.12
5）六波羅詩朗「福祉事務所の役割と課題（上）―福祉事務所の成立から展開へ―」『長野大学紀要』Vol.16, No.1・2合併号、1994、p.75
6）仲村優一「『福祉センター構想』の再検討」『月刊福祉』1985年8月号、全国社会福祉協議会、1985、pp.8-9
7）木下武徳「公的扶助における現金給付とケースワークの分離―1960年代から1980年代のアメリカでの論争から―」『北星学園大学社会福祉学部北星論集』No.48、2011、pp.85-86
8）同上書、p.86

9）前掲書7）、pp.86-87
10）前掲書7）、pp.88-89
11）前掲書7）、p.90
12）前掲書7）、p.96
13）全国各地の福祉事務所で作成されたマニュアルの集大成が『指導監査からみた生活保護の実務』（厚生省社会局監査指導課長・塩崎信夫監修、社会福祉調査会、1987）である。
14）仲村優一「巻頭言　生活保護法施行50周年に寄せて」『季刊公的扶助研究』No.179、全国公的扶助研究会、2000
15）堀勝洋「社会保障制度の変革」『ジュリスト』No.1133、有斐閣、1998、p.155
16）同上書、p.156
17）厚生労働省「生活保護制度の在り方に関する専門委員会報告書」2004
18）新たなセーフティネット検討会（全国知事会・全国市長会）「新たなセーフティネットの施策―『保護する制度』から『再チャレンジする人に手を差し伸べる制度』へ―」2006
19）清水浩一「社会福祉改革と生活保護法『改正』の展望」『賃金と社会保障』No.1355、旬報社、2003、pp.9-10
20）吉永純「一体論（統合論）の立場から生活保護制度改革を考える」『賃金と社会保障』No.1399、旬報社、2005、pp.39-41
21）京極高宣「福祉事務所機能の専門分化」『福祉レジームの転換―社会福祉改革試論―』中央法規、2013、p.79
22）厚生労働省「平成21年福祉事務所現況調査の概要」2009
23）厚生労働省「社会保障審議会　生活困窮者の生活支援の在り方に関する特別部会報告書」2013
24）人気お笑い芸人が収入に見合った扶養義務を果たさず、母親が生活保護を受給していることを週刊誌が報じ（2012年5月）、生活保護制度と受給者に対して、大バッシングを惹き起こした事件のことである。
25）山崎史郎「新たな生活困窮者支援体系の意味するところ」『貧困研究』Vol.10、明石書店、2013、p.82
26）岡部卓「関係部署・関係機関等との連携」同編『生活困窮者自立支援ハンドブック』中央法規、2015、pp.96-98
27）自立相談支援事業について、2015（平成27）年11月現在、直営方式が4割、約6割は委託（直営方式との併用を含む）での実施となっている（『生活と福祉』2015年12月号、全国社会福祉協議会、2015、p.3）
　　ちなみに神戸市では各区役所に自立相談支援窓口が設置され、そこでは保護課所属の係長を主任相談支援員（スーパーバイザー）として、その下に2～3名の人材派遣会社からの相談支援員（1年以上の相談業務従事経験者）を配置して相談対応している。いわゆる直営方式と委託方式の併用といえる。
28）厚生労働省「生活困窮者自立制度における支援状況調査　集計結果」（平成27年12月分）

【参考文献】
・杉村宏『人間らしく生きる―現代の貧困とセーフティネット―』左右社、2010
・道中隆『生活保護と日本型ワーキングプア―貧困の固定化と世代間継承―』ミネルヴァ書房、2009
・全国知事会「『生活困窮者自立支援法案（仮称）』に関する意見」2013
・木下武徳「福祉事務所と民間福祉の役割と協働」『貧困研究』Vol.10、明石書店、2013
・椋野美智子「生活困窮者自立支援制度　その意義と課題」『週刊社会保障』No.2733、法研、2013
・CLC『SOCIAL　ACTION』創刊号（活困窮者支援特集）、2013
・橘木俊詔・宮本太郎監、埋橋孝文編『生活保護』ミネルヴァ書房、2013

第3章

公的扶助改革と
ワークフェア

■はじめに■

　わが国では2000年代に入り、格差社会の進行と相まって、公的扶助に関する改革論議が活発となった。そこで起爆剤となっているのがワークフェア（workfare）という政策理念である。このワークフェアは欧米諸国ではグローバル化の進展に伴い、国により多少形態は異なるが、すでに1990年代以降、採用されている福祉政策である[1]。

　そこで本章では、このワークフェアの政策理念、その採用された背景、およびその政策類型について述べる。次にわが国における最近の生活保護改革とワークフェアの展開について述べる。さらに一転して、欧米諸国における公的扶助改革とワークフェアについて述べる。まずヨーロッパ諸国のワークフェア指針ともいうべきOECDの「能動的社会政策」（Active Social policy）について紹介し、次いでドイツ社会扶助改革、イギリス「第三の道」（The Third Way）、さらにアメリカTANF改革におけるワークフェアの政策展開状況についてふれる。そして最後に翻って、これらの国々のワークフェアが、わが国に示唆するものを検討し、あわせて今後のわが国の公的扶助改革の方向性につい

て模索したい。

I　福祉国家の揺らぎとワークフェア

　ワークフェアの政策理念がアメリカを始め、イギリス、ドイツ、そしてわが国など先進諸国の公的扶助改革に大きな影響を及ぼしている。ワークフェアとは、公的扶助あるいは社会扶助給付の代償として、これらの受給者に就労を求めるプログラムのことである。すなわち福祉への依存をできるだけ減らし、就労による自助・自立を促進するということである。そもそもワークフェアなる言葉は、アメリカの70年代、ニクソン（R.Nixon）政権下の福祉改革において大統領のスピーチライターにより造語されたものとされる。

　ワークフェアの政策理念が登場してきた背景には、それまでの20世紀型の社会保障を中心とした福祉政策が、とくにヨーロッパ先進諸国で機能衰退したという理由がある。すなわち長期失業者、ホームレス、高齢者の増大、家族類型の多様化、ライフスタイルの変化、さらにはグローバル化の進転により、それまで社会保障を通じて国民の多様な生活リスクに対応してきた福祉国家体制が大きく揺らぎ始めたことにある。

　ちなみにエスピン・アンデルセン（G. Esping-Andersen）は、「福祉国家レジーム」（福祉資本主義）として福祉国家を次の３つの類型に分けている[2]。１つめは、アメリカ、イギリスを中心とする「自由主義レジーム」である。ここでは小さな政府、市場原理主義の重視により、規制緩和、公的機関の民営化、雇用の流動化・多様化が積極的に推進される。２つめは、スウェーデン、デンマークなど北欧諸国の「社会民主主義レジーム」である。ここでは大きな政府による高福祉・高負担政策が採用され、雇用政策では積極的な職業訓練を通じて、衰退産業から成長産業へ円滑な労働移動を促す積極的労働市場政策が推進される。そして３つめは、ドイツ・フランスなどヨーロッパ大陸諸国の「保守主義レジーム」である。ここでは社会的弱者への公的保護、「男性は仕事、女性は

家庭」という伝統的家族主義、正規雇用労働者の既得権益の保護等が重視され、社会保険や公的扶助の充実が図られている。わが国も基本的にこの類型に該当する[3]。

しかし今日、これら3つの類型がグローバル化を背景として揺らぎを示し、収斂現象を来たしている。そこで起爆剤となったのはワークフェアの政策理念である。そしてとくに公的扶助については、これまでの社会的弱者への給付という考え方から就労支援を通じての自立促進という考え方に大きく転換した。かくして20世紀型のケインズ（J.M.Keynes）主義的福祉政策は、シュンペーター（J.A.Schumpeter）型のワークフェア中心の福祉政策へ移行し、給付の受給者にも就労義務を求めるようになったのである。

ワークフェアには、政府による就労支援のコスト負担がどの程度かにより、3つのタイプに分けることができる[4]。一方の極は、①アメリカ型のワークファーストモデル（work first model）である。そこではまず、就労や職業訓練を給付の条件とする。そして就労を忌避する者には厳格なペナルティを与える。これに対して他方の極は、②スウェーデンなど北欧型のアクティベーション（activation）である。そこでは積極的労働市場政策により就労支援に多大なコストをかける。年金、医療、育児休暇等の社会保障制度、職業訓練や職業紹介、生涯学習等により、就労インセンティブ、雇用可能性、社会的投資を高めていく。そしてこれら①②の2極タイプの中間に濃淡の差はあるが、雇用可能性に配慮しつつ、就労支援に相対的にコストをかける、③サービスインテンシブモデル（service intensive model）がある。これにはイギリス「第三の道」やドイツ社会扶助改革が該当する。なおわが国の生活保護改革におけるワークフェアは、①に近い③タイプに入れることができよう。

Ⅱ　わが国の生活保護改革の動向とワークフェア

1．自立支援プログラムとワークフェア

　わが国では、社会福祉基礎構造改革の最後の課題として、公的扶助の中核たる生活保護改革が残されていた。生活保護制度は1950（昭和25）年の法施行以来、半世紀以上にわたって理念・目的・原理・原則をほとんど変えることなく、国民生活の「最後の砦」として、セーフティネット中のセーフティネットとして機能してきた。しかしとくにバブル崩壊後の1990年代後半以降、保護率の上昇とともに、他方ではホームレス、孤独死、外国人労働者などの新しい貧困が顕在化し始めた。さらに2000年代に入るとグローバル化を背景とする格差社会の進行により、派遣労働者・パート・フリーター等の非正規雇用労働者の急増に伴うワーキングプア（働く貧困層）問題が深刻化し始めた。そしてわが国はOECD報告（2005年）によれば、貧困率が、先進国の中でアメリカに次いで2番目に高い国となった。

　こうした中で生活保護制度の見直しのために、2003（平成15）年7月に「生活保護制度の在り方に関する専門委員会」（社会保障審議会福祉部会）が設置され、翌2004（平成16）年12月に報告書（以下「専門委員会報告書」）が発表された[5]。

　この委員会では「利用しやすく自立しやすい」生活保護制度という基本方向の下、①生活保護基準のあり方、②生活保護の制度・運用のあり方と自立支援、③制度の実施体制の3点が検討された。①については、多人数世帯生活扶助基準の是正（2005年度～）、老齢加算の段階的廃止（2004年度～）、母子加算の段階的廃止（2005年度～）、生業扶助における高等学校等就学費の創設が図られた。②については各自治体における自立支援プログラムの導入（2005年度～）が図られた。そして、③については財源の確保と職員の専門性向上による組織的取組の必要性が提起された。

ここでとくに②の自立支援プログラムについてふれる。2005（平成17）年3月31日付で「平成17年度における自立支援プログラムの基本方針について」（厚生労働省社会・援護局長通知）と「自立支援プログラム導入のための手引き」（同省社会・援護局保護課策定）が示された。そしてそれに基づき各自治体、福祉事務所は「自立支援プログラム」を導入し、個々の被保護者に即した「個別支援プログラム」を計画、実施することになった。

この自立支援プログラムでは、その自立概念として就労による経済的自立の支援（就労自立支援）のみならず、自己の健康や身辺管理など日常生活における自立生活の支援（日常生活自立支援）、社会的つながりの回復・維持など社会生活における自立の支援（社会生活自立支援）をも含んでいる。そして最低生活保障とともに、このプログラム活用により被保護者が生活再建をし、地域社会に参加し、労働市場に再挑戦することを目指している。

自立支援プログラムにおいては、地方自治体、福祉事務所が自主性・独自性を生かして多様な支援メニューを整備することが必要となる。そして担当職員は被保護者の実情（経済生活的・日常生活的・社会生活的諸側面における自立阻害要因等）のアセスメントを行い、それに基づき個別の自立計画を策定し、多様な支援メニューの選択を通じて職業訓練等の支援を行う。そこでは被保護者の多様なニーズに対して、多様なサービスを適切に組み合わせて的確に対応するケアマネジメントの手法が有効となる。なお、このプログラム実施においては、被保護者の同意が原則とされている。もし被保護者が正当な理由もなく参加を拒否、あるいは取組が不十分な場合には、文書による指導・指示の上、保護の変更、停止または廃止となる。

この自立支援プログラムは、ともすれば単に仕事を見つけてくるようにとの指示に終始していた、これまでの被保護者に対する就労指導方式に比べると、多様な支援メニューの整備、職業訓練等の支援といった観点により、ワークファーストモデルそのものからサービスインテンシブモデルへ一歩、踏み出したという評価もできる。しかし被保護者のプログラムへの取組が不十分として、福祉事務所が機械的に保護の変更、停止、または廃止に直進していくならば、

それはワークファーストモデルそのものに逆戻りする危険性は十分にある。ここで重要なことは、あくまでも担当職員と被保護者との信頼関係・協働作業に基づくケアマネジメント手法によるプログラム取り組みということである。

さて「専門委員会報告書」で検討された財源については、2005（平成17）年末に、生活保護費の負担割合をめぐって、国と地方自治体の間で激しい応酬が展開された。いわゆる「三位一体」改革論議である。その結果、当面は現行維持の国4分の3負担に落着した。しかし国はその代償として地方自治体に保護の適正実施を求め、厚生労働省は2006（平成18）年3月に「生活保護を適正に実施するための手引き」を作成し、全国の福祉事務所に配布した。この手引きでは、生活保護の引き締め強化、不正受給者への告発強化等のための警察との連携マニュアルを提示し、内容的に1981（昭和56）年の「123号通知」（社保第123号「生活保護の適正実施の推進について」）以上の「適正化」推進の運用マニュアルとなっている。

2．「期限付き福祉」とワークフェア

こうした状況の中で地方自治体の側から登場したのが、2006（平成18）年10月の「新たなセーフティネットの提案～『保護する制度』から『再チャレンジする人に手を差し伸べる制度』へ」（「新たなセーフティネット検討会」[全国知事会・全国市長会]、以下「検討会提案」）である。ここで簡単にその概要について紹介したい[6]。

「検討会提案」では、現行の生活保護制度は戦後社会の大変化に適応できず「制度疲労」を来たしており、「国民の自助自立の精神とも調和」しなくなっているとの基本認識の下、生活保護制度による被保護者を高齢期と稼動年齢期の2つに区分し、後者の稼動年齢期の被保護者の保護適用期間を最大5年までとしたことが特徴である。なお前者の高齢期については「国民年金（基礎年金）保険料を納めた者が報われる」べく、「生活保護制度とは別の生活保障制度を将来的に創設」すべきとしている。

第３章　公的扶助改革とワークフェア

　さて「検討会提案」では、稼動年齢期の貧困対策の中核は就労自立であると位置づけ、複合的な就労阻害要因を有するこれらの世帯に対して、労働・教育・医療・福祉等の諸政策が連携・協働して一体的に対応することが重要であるとしている。そしてわが国における捕捉率の低位性（イギリスの80〜90％と比較して、わが国は10〜20％）にふれ、ワーキングプアやボーダーライン層が今後も増加し続けるならば、わが国の被保護者は格段に増大するとして「今こそ就労自立対策を確立することが大切」としている。なおボーダーライン層に対しては「生活保護へ移行することを防止する就労支援制度」の創設を提案している。

　そして保護の適用期間を最大限５年に設定した稼動世代に対して、１年程度の職業教育の必要性を考慮し、「プログラムに真剣に参加することを条件として給付が行われる」べきとし、保護適用期間は、「福祉事務所や関係機関が積極的に要保護者とともに、就労自立のために目標を定め、プログラムを組み、複合的な就労阻害要因の除去、職業紹介等、一連の行動を伴う期間」とした。また「被保護者本人が主となって策定した自立計画に基づき、福祉事務所および一体的に協働する関係機関が、育児や介護等の家族的支援、基本的生活訓練、各種のセラピー、求職活動、職業経験活動、短期の教育訓練等を通じて、できるだけ早く福祉依存から抜け出し、就労できるようにプログラムを策定・管理」するとした。さらに「新たな制度の実施機関」は「福祉事務所と労働部門との一体的連携なくしては実施することができず、新たな体制作りが必要である」として、「主要な連携軸は生活保護部門および労働部門である」とし、「福祉事務所のケースワーカーは全体を統括するコーディネーター、政策の推進者および監査の役割を果たす」としている。

　以上が「検討会提案」の概要であるが、ここでは生活保護制度における稼動世代と高齢世代の区分による一般扶助主義から範疇（カテゴリー）別扶助主義への移行、稼動世代に対する最大限５年の保護適用というアメリカの福祉政策TANFに倣った「期限付きの福祉」、低位の捕捉率についての問題認識とワーキングプア、ボーダーライン層に対する制度新設等々、斬新的な提案となって

いる。ただワークフェアに関しては、多様な就労支援策が盛り込まれているものの「期限付き福祉」という点で、基本的にワークファーストモデルであるといえよう。

このように、わが国の生活保護改革の動向においても「自立支援プログラム」の導入、あるいは「検討会提案」による「期限付き福祉」と多様な就労支援策にみられるように、ワークフェアの政策や思想が急速に展開し始めている。

Ⅲ　欧米の公的扶助改革とワークフェア

1．ヨーロッパの「能動的社会政策」とワークフェア

　ヨーロッパ諸国においては、冷戦構造の崩壊に伴う急速なグローバル化の進行と相まって、1980年代後半以降、長期の若者の失業やホームレスなど、既存の社会保障制度では対応しきれない新たな貧困や社会的不平等が顕在化してきた。そしてフランスを始めとして、これを「社会的排除」(social exclusion)という言葉で捉え、その「社会的包摂」(social inclusion)を国民的課題とするようになった。

　この社会的排除という考え方は、低所得と深く関連するものの、消費・生産・交際等の社会的基本的活動の参加促進という意味合いでは、公的扶助のみならず社会福祉の課題・対象を理解する新たな視点であるとともに、より包括的な視点でもあるとされている[7]。そのためにヨーロッパ諸国では、例えば若者の長期失業に対して、その経済社会への統合を促進すべく、失業保険や社会扶助の受給に際して、職業訓練や資格取得等の就労支援策がセット化されている。

　このような状況の中でOECDは社会的排除への有効な対応として、「能動的社会政策」(active social policy)を提唱した[8]。これは2005（平成17）年３月のOECD社会保障大臣会議において「社会政策は能動的なもので、人々の能力への投資やその潜在的能力の実現を強調すべきであり、単なる不幸に対する保

険ではない」[9]という認識に基づき論議され、合意されたものである。

「能動的社会政策」では、個人のとくに労働市場への積極的な参加促進を目的とする。そこでは、これまでの個人の生活リスクの保障という消極的な社会政策ではなく、積極的に個人の能力そのものに投資し、その個人が経済・社会生活の中で潜在可能性を実現していくことに焦点を当てる。すなわち「受動的・補償的なアプローチから能動的・投資的なアプローチへ」[10]の転換である。

「能動的社会政策」は次の3つの目的を追求する。
① 貧困の再生産を防止するために、子どもの貧困を削減し、親に対し育児と仕事の両立支援をすることにより、子どもに可能な限りの最良の人生のスタートをさせること。
② 壮年期の個人が社会の主流から疎外されないように「福祉から労働へ」就労支援すること。
③ 高齢者が社会での役割を認識し、その状況に応じて経済的、社会的生活に参加できるように支援すること。

「能動的社会政策」では「貧困と疎外の削減のための政策」として、次の4つが必要であるとする。
① 「福祉から労働へ」の課題の完遂。そこでは労働市場への統合を鍵とし、個人の状況を変化させ、長期的に自立可能とすること。そのためには適切な仕事の紹介・デイケア・職業訓練等、社会扶助の受給者が就労できるようにする取組をさらに推進すること。
② 「労働における福祉」の進展。これは就労したほうが得になるように、ワーキングプアが資格取得等により、キャリアの見通しを持つことができ、仕事が維持できるようにしていくこと。
③ 労働の可能性が低い人たちに対しては、「労働」を超えた政策対応(社会的包摂)が必要であること。
④ 「貧困と疎外の削減」のために、多様な政策の一貫性の促進、および貧困目標への長期的関与を行うこと。

このように「能動的社会政策」では、個人の能力への投資による潜在可能性

の開発促進、とくに壮年期にある人に対する「福祉から労働へ」の就労支援、および「労働における福祉」の進展を通じて労働することが得になるような施策の推進を提唱しており、これらはヨーロッパにおけるワークフェアの政策展開に大きな指針を示している。

2．ドイツの社会扶助改革とワークフェア

　1990年10月3日の東西統一後、10％以上の高失業率という厳しい労働市場が続くドイツにおいて「求職者基礎保障」（社会法典2編）が2005年1月1日より施行された。これに伴い「失業扶助」の廃止による要扶助状態にある長期失業者、および「社会扶助」の制度下にあった就労可能な受給者の2つの扶助受給者グループが、この新たな「求職者基礎保障」に統合されることになった。すなわち長期失業者で稼働能力のある者、および社会扶助受給者で稼働能力のある者は、「求職者基礎保障」の制度下におかれ、最低生活保障給付と就労支援が一体化した枠組みによる総合的援助を受けることになったのである[11]。

　この就労可能な要扶助状態にある人々を一手に引き受けた「求職者基礎保障」の実施主体は連邦雇用エージェンシーで、連邦の一般財源を基に、①最低生活保障給付、②労働市場への参入援助、③現物給付の3種類の責任を負っている。「求職者基礎保障」の受給権者は、①15歳以上65歳未満であること、②就労可能であること、③要扶助状態にあること、④ドイツに定住している者およびその家族の4つの要件を満たすことが必要となる。

　「求職者基礎保障」では、自己責任の強化、自立、就労支援という3つの任務がある。また「要請の原則」として、積極的に労働参入措置に協力し、提供された労働機会は受け入れるべき義務を課している[12]。なお労働機会を忌避した場合には、最低生活保障基準額の削減・停止の制裁措置となる。

　給付については、最低生活保障給付よりも先に参入支援給付が定められ、労働エージェンシーが実施機関となって、就労可能な要扶助者の労働参入のための包括的援助を行う。実施機関は要扶助者に対して個別相談担当者（ケースマ

ネジャー）を指名し、本人はもとより家族も含めた個々の事情に応じた相談援助が行われる。まず要扶助者は実施機関との間に参入協定を締結し、受けるべき給付の権利とともに、労働参入のための努力の立証責任など、果たすべきいくつかの義務を文書で取り交わす。なお参入支援給付には、職業訓練、雇用創出措置、育児・介護相談、債務相談、依存症相談、メンタルケア相談等々があり、要扶助者の多様なニーズに包括的に対応する。

　今回の社会扶助改革では「自助努力は引き出し、保障は約束する」[13]という理念の下に、稼働能力ある者とない者を分離するという抜本的な制度再編が行われた。この改革の理念や方向は「福祉から労働へ」というOECD「能動的社会政策」の理念と強く連動している。そして新しく施行された「求職者基礎保障」では、カテゴリー化された稼働能力ある者に対して、積極的に労働市場に参入することが義務づけられ、その努力が立証できない場合には給付の削減・停止の制裁措置が伴うことになった。いわゆる稼働能力の活用を求めたワークフェアの積極的推進といえよう。なお個々の要扶助者へのケアマネジャーの任命、就労相談のみならず、生活・福祉相談等々の包括的な参入支援給付という点においては、サービスインテンシブモデルの展開といえる。

3．イギリス「第三の道」とワークフェア

　イギリスにおける福祉改革は、1997年に政権を握ったブレア（T.Blair）労働党（ニューレイバー）による「福祉のニューディール」に求められる。この政策はギデンズ（A.Giddens）の「第三の道」（the third way）を理論的基盤とし、それまでのアトリー（C.R.Attlee）に代表される労働党の「大きな政府」でもなく、またサッチャー（M.Thatcher）に代表される保守党の「小さな政府」でもない第三の政策路線のことである[14]。

　ニューレイバーはとくに「社会的排除」という問題を重視した。例えば貧困家庭に生育した子どもは不十分な教育機会により、仕事に必要な知識・技術を修得することができず就職困難となる。そのためその子ども自身も貧困家庭を

形成し、社会から排除される。貧困の世代的再生産という問題である。そこでニューレイバーは、このような貧困家庭の人々が経済的に自立しうる仕事を得ることができる社会をつくることが、福祉政策の核心であるとした。いわゆる「福祉から労働へ」（welfare to work）である。こうして貧困家庭の人々にも教育の機会平等を保障し、社会参加を促進し、社会の一員として自立し、市民の役割を遂行できるようにしていく「社会的包摂」政策を重要視した。そこでは教育が最大の柱となり、政府は人的資本への投資により、とくに若年者の能力を高め、その雇用可能性を高めることに重点をおく。他方、現役のワーキングプアに対しては、生涯教育と結びつけ、地域の専門学校等での資格取得を通じて、キャリア向上のためのインセンティブを持つことができるように支援する。こうして政府は、これまで福祉政策の対象となるような人々に対して、社会参加と自立が可能となる諸条件を自治体・企業・NPOと協力し合って創り上げていこうとする。すなわち「インクルーシブ・ソサイエティ」（inclusive society：包み支えあう社会）の実現である。

このようにニューレイバーの福祉政策は、所得の再分配ではなく雇用を促進するワークフェアに重点をおく。そしてこのワークフェア推進のために次の2つの施策を実施している[15]。その1つは求職者給付である。これは65歳以下の男性、60歳以下の女性で労働能力のある失業者、もしくは週労働16時間以下の者に対する給付である。その受給条件として積極的に求職活動を行うこと、ジョブセンタープラス（わが国のハローワークに相当し、給付と職業紹介の業務を行う）との間で求職者協定を結ぶことが要件とされている。受給者にはパーソナルアドバイザー（ジョブセンタープラス職員）が割り当てられ、求職活動のための相談援助を行う。また身体的精神的状況・職業能力・職歴・資格・失業期間・求職活動状況等々の詳細な内容を盛り込んだ求職者協定を取り交わす。そしてこれを基に受給者は2週間に1回、ジョブセンタープラスで面接を受け、受給資格の確認を行う。もし受給者が要件を満たさない場合には、支給は打ち切りとなる。

その2つは「ニューディールプログラム」である。これは失業している若年

者に対する給付であり、次のような受給要件がある。まずパーソナルアドバイザーによる個々の状況に応じた就労自立支援、指導助言を受けること。次に教育訓練や試用的労働に従事すること。これについては4つの選択肢（①民間での就業、②ボランティア部門での活動、③フルタイムの教育・技能訓練、④環境保護団体での就業）から1つを選択することが要求される。もし合理的理由なく選択しない場合には、失業給付が減額となる。なお教育訓練は国家職業資格制度と連結し、就労インセンティブの向上が図られている。またこのプログラムは政府のみならず、民間・NPO・コミュニティの協働により、就労自立支援システムの構築がすすめられている。

このようにニューレイバーの福祉政策は、一方で失業者の雇用可能性を高めるとともに、他方で労働意欲を持たない者には給付を行わないという厳しさを併せ持っている。まさに「第三の道」はワークフェア政策を先導し活性化させる路線である。また就労支援の幅の広さや奥行きが深く、国家職業資格と連結した教育訓練、NPOやコミュニティ協働による就労自立支援システムなど、サービスインテンシブモデルの先駆例ともいえよう。

4．アメリカの福祉改革とワークフェア

クリントン（B.Clinton）政権下のアメリカにおいて、1996年8月に母子世帯に対する福祉政策の抜本的改革が行われた。それは1935年の社会保障法以来、ずっと継続していたAFDC（Aids to Families with Dependent Children：要扶養児童家庭扶助）が、TANF（Temporary Assistance for Needy Families：貧困家庭一時扶助）に移行したことである。この改革の背景にはAFDC受給者（とくに未婚の母）の増大、受給期間の長期化、連邦政府の税負担の増大、および自助をモットーとする国民の受給者に対する強い「福祉依存」批判などがあった[16]。

こうして成立したTANFは、①家庭で児童の健全な育成を図ること、②就労や結婚を促すことにより福祉依存を減らすこと、③未婚の母を減らすこと、④

ふたり親家庭の維持と形成を促すことを目的とした。そして制度改革の最大の特徴は、受給期間を生涯で通算5年と限定したこと、他方で現金給付を受けるために厳しい就労義務を課し、これが果たせない場合には制裁規定により、給付の減額や停止となることである。これらにより受給者の就労意欲を向上させ、自立を促進し、「福祉依存」を減らすことを明確な方針にしたのである。なおTANFの対象は、18歳以下の児童を持つ貧困家庭、および親と一緒に生活していない18歳以下の貧困児童である。また給付額や給付内容等については、各州の基準により定められる。

TANFへの移行は連邦政府と州政府の関係を大きく変えた。AFDCでは連邦政府から州政府に支給される補助金に上限が設定されていなかったが、TANFでは目的別一括補助金となった。そして受給者数、未婚の母数、就労参加率の増減により、補助金も増減されることになった。他方で各州政府は制約された補助金の枠内で、「受給者の自立促進」のための多様なプログラムを企画・運営することになった。

TANF受給者は受給開始から24ヶ月を経過するまでに、週30時間以上の就労が義務づけられる。就労活動の範囲として、①通常の民間雇用、②補助金つきの民間もしくは公的セクター雇用、③就労体験、④職場での職業訓練（OJT）、⑤求職活動とその研修、⑥職業訓練（12ヶ月まで）、⑦コミュニティサービスに参加する一人親への保育事業、⑧雇用前提の職能技能訓練、⑨高卒資格を得るための就学保障などがある。

さて施行後すでに10年を経過したTANFであるが、いくつかの功罪が明らかになってきた。まず受給世帯・受給者数の大幅な減少である。アメリカ厚生省（DHHS）によると1996年8月から2002年9月までに、世帯数で54.1％、受給者数で59.2％と減少した。他方で、改革以前のAFDCの時には77～86％で推移していた捕捉率が、TANF以後は大幅に減少し、2002年時点で48％となっている[17]。これは生涯で5年という受給期間を考慮して、生活が困難であっても受給を逡巡するケースが多いことが推測される。またTANF退出者の約60％は退出直後には就労しているが、その仕事は不安定であり、退出後1年を通じて就労して

いた者は約3分の1に過ぎないとしている。さらに退出者就労者の半数は、勤労所得そのものはTANF給付額と大差ないものの、勤労所得にEITC（Earned Income Tax Credit：90年代に実施された勤労所得税額控除）給付が加算されることにより、TANF給付額を若干上回ると報告されている[18]。いずれにしても就労によるTANF退出後も賃金は低く、ボーダーライン以下のワーキングプア生活を強いられているのが現実といえる。

このようにTANF以後のアメリカの公的扶助は、厳格な就労義務と制裁を伴うワークフェアを積極的に推進している。そこでは雇用に重点をおいた多様なプログラムが展開されている。そして「働くことが報われる」（making work pay）仕組みとしてEITCの税制度も導入されている。そのために大幅な受給世帯・受給者数の減少を招来した。しかし他方では無数のワーキングプアが、「期限付き福祉」の受給・再受給を逡巡し、そのためTANF基準額以下の賃金という厳しいワーキングプア生活に追いやられている。そのことはTANF以後の大幅な捕捉率低下が何よりも如実に物語っている。ワークフェアの元祖、アメリカの「期限付き福祉」、ワークファストの功罪に学ぶべきことは多い。

Ⅳ　欧米ワークフェアの示唆するもの

OECD「能動的社会政策」、ドイツ「求職者基礎保障」、イギリス「第三の道」、そしてアメリカTANF改革が、わが国の公的扶助に示唆するものについて考えてみたい。

はじめにOECD、ドイツ、イギリスの福祉改革に関連して検討したい。ヨーロッパ諸国では長期失業者に対する生活保障をどう図るかが大きな課題となっている[19]。いわゆる要扶助状態にある稼動年齢層に対する生活保障である。ところがわが国の公的扶助である生活保護制度は、無差別平等という一般扶助主義であるにもかかわらず、1970年代以降の「適正化」政策に基づく行政窓口（福祉事務所）の「水際作戦」により、徹底的に就労可能な貧困者（ワーキングプ

ア）を制度適用から排除してきた。これはヨーロッパ先進諸国が、就労可能な人と就労不可能な人を区別して制度対応し、さらに就労可能な人には給付要件として、多様な就労支援策をセット化するサービスインテンシブモデルにより対応したことと大きく異なっている。

　すなわちわが国の公的扶助においては、就労可能な長期の失業者や低賃金労働者は公的扶助の対象とはされなかったのである。生活保護世帯類型別構成比をみても2005（平成17）年度時点で高齢者43.5％、傷病者26.2％、障害者11.3％、母子8.7％であり、これらをあわせて9割となる。また労働力類型別構成比では、非稼動世帯87.4％、稼動世帯12.6％となっている。この数値からみても、わが国の生活保護の対象は就労不可能な要扶助世帯に限定されているかのようである。バブル崩壊後の1990年代後半以降、失業の深刻化に伴い、稼動年齢層の人の保護適用やホームレスの在宅保護が実施されるようになったが、そのウェイトはきわめて小さい。なお、わが国の生活保護の捕捉率は駒村康平の調査によると、1989（平成元）年の25.2％をピークに低下し、1994（平成6）年は12％、1999（平成11）年は18％になっている[20]。この数値はいかに生活保護基準以下で暮す国民が多いかということを示している。この中にはワーキングプア、母子世帯、さらにはフリーターなどの若年者が多く含まれていることが推測される。

　今回の生活保護改革に伴う自立支援プログラム導入は、「福祉から労働へ」というOECD「能動的社会政策」、ドイツ「求職者基礎保障」、イギリス「第三の道」のワークフェア政策の影響を大きく受けている。しかしヨーロッパ先進諸国の「福祉から労働へ」は、あくまでも長期失業者など就労能力ある人を対象としたものであり、これらをあまり含まない、わが国の現行の生活保護制度にどれだけ有効かは疑問の余地が残る。その意味では自立支援プログラムの試みは、格差社会の中で増大するワーキングプア、フリーター、あるいはホームレスへの就労支援のあり方として有効といえる。さらには要扶助状態にある稼動年齢層対象の就労扶助など、新たな低所得者対策創出の指針として有効といえよう。

次にアメリカのTANF改革に関連して検討したい。5年間という「期限付き保護」のワークファーストモデル対応は、そのまま全国知事会・全国市長会の「検討会提案」に影響を与えている。しかし「期限付き保護」は、アメリカ厚生省統計に見るように、受給世帯数・受給者数は減少するものの、廃止後の就労収入は保護基準並み、もしくはそれ以下というワーキングプア生活に追い込み、低所得者・貧困者の「再商品化」へ転化させる[21]。その結果、捕捉率が大幅に低下することになる。またTANFでは目的別一括補助金の下、州ごとの改革効果の達成度により、補助金が増減されることになる。このことは近年、わが国においても厚生労働省が保護率の地域差を問題視しており[22]、それはともすれば適正化努力による補助金の増減策導入につながる恐れが多分にある。地域の保護率の高低は、地域の低所得世帯の多少によることを基本的に認識すべきである[23]。

これまでみてきたように、ヨーロッパ先進諸国のサービスインテンシブモデル志向か、あるいはアメリカのワークファーストモデル志向かにより、わが国の公的扶助のあり方も大きく異なってくる。なお現在のわが国は、その中間とはいえ、アメリカに近いワークフェアといえよう。

■おわりに■

わが国の公的扶助、その中核たる生活保護制度は一般扶助主義を採用しながらも実質的には、制限扶助主義として稼動年齢層を排除してきた。そのため行政窓口（福祉事務所）では申請をすぐに受理しない「水際作戦」により、きわめて硬直的な制度運用を行ってきた。そのことにより、例えば最近の北九州市の事例[24]に典型的に示されるように、全国でいくつかの悲惨な事件を招来した。

わが国の生活保護制度は本来、稼動年齢層を徹底的に排除するワークファーストモデルであったといえる。しかしこのような制度運用がバブル崩壊後の大失業社会を経て、機能不全を来したといえる。そのため「専門委員会報告書」

による制度改革では、自立支援プログラムも導入され、サービスインテンシブモデルへの志向性が採られた。

　サービスインテンシブモデルを積極的に採用しているヨーロッパ先進諸国では、公的扶助の対象は長期失業者、若年失業者などの稼動年齢層にある人々である。これに対してわが国の生活保護制度では、これら稼動年齢層の世帯は全対象の1割前後にすぎない。しかしその1割前後の周辺には、格差社会の急進行と相まって膨大な数のワーキングプア、フリーター、さらにはニートが存在する。もはや稼動年齢層を徹底的に排除し続けてきた現行の生活保護制度では、このような問題に対応しきれない状況に陥っているといえよう。

　全国知事会・全国市長会の「検討会提案」でも示されたように、高齢期にある貧困層と稼動年齢にある貧困層には、別立ての制度対応が必要であろう。しかも「検討会提案」とは異なり、現行の生活保護制度の枠を超えて、ワーキングプアやフリーター、ニートをもカテゴリー（範疇）化した稼動年齢層対象の制度、例えばドイツの「求職者基礎保障」のような新たな制度創設が必要となってこよう。そこでは福祉部門と労働部門とが一体連携化し、福祉事務所のケースワーカーはケアマネジャー、コーディネーターとしての役割を遂行することになろう。

　かくして人的能力に投資し、潜在能力を開発するサービスインテンシブモデルは、そのような新たな制度の枠組みの中でこそ真に機能活性化することになろう。

【引用文献・注釈】
1） 埋橋孝文「公的扶助制度をめぐる国際的動向と政治的含意」同編『比較のなかの福祉国家論』ミネルヴァ書房、2003、p.317
　　埋橋は「ワークフェアが福祉国家再編の『起爆剤』あるいは『台風の目』になることはほぼ確実であろう」と論じている。
2） アンデルセンの著作として以下の邦訳書が参考となる。①G・エスピン・アンデルセン（岡沢憲芙・宮本太郎監訳）『福祉資本主義の三つの世界―比較福祉国家の理論と動態―』ミネルヴァ書房、2001、②G・エスピン・アンデルセン（渡辺雅男・渡辺景子訳）『ポスト工業経済の社会的基礎―市場・福祉国家・家族の政治経済学―』桜井書店、2000

3）山田久『ワーク・フェア―雇用劣化・階層社会からの脱却―』東洋経済新報社、2007、pp.183-186
4）①宮本太郎「就労・福祉・ワークフェア」塩野谷祐一・後藤玲子他編『福祉の公共哲学』東京大学出版会、2004、pp.218-224、②宮本太郎「ワークフェア改革とその対象　新しい連携へ？」『海外社会保障研究』No.147（SUMMER2004）、国立社会保障・人口問題研究所、pp.30-34、③武川正吾「ワークフェアの射程と限界」同上書、p.2、④武川・宮本・小沢「ワークフェアとベーシック・インカム：福祉国家における新しい対立軸」前掲書②、pp.5-7

宮本はワークフェアについて、ペック（Peck.G）の分類に基づきアメリカ型のワークファーストモデル（労働力拘束モデル）、北欧型のサービスインテンシブモデル（人的資本開発モデル）に大別した。その後、宮本は北欧型のアクティベーションをワークフェアから分離し、就労支援に多大なコストをかけるアクティベーション、ワークフェアにおいて相対的にコストをかけるサービスインテンシブモデル、就労を先ず迫るワークファーストモデルに区分した。本稿ではこれらの論説に基づきつつ、ワークフェアをアメリカ型のワークファーストモデル、西欧型のサービスインテンシブモデル、北欧型のアクティベーションの3分類とした。なお、伊藤周平はワークフェア政策について、①社会的権利と就労等の義務とのトレードオフ関係、②周辺的な低賃金・不安定雇用労働者の増大、③就労拒否者への差別化・スティグマ政策の3つの問題点を指摘している（「シティズンシップ論と福祉国家の再編」『ポリティーク』Vol.10、旬報社、2005、p.198)。

5）厚生労働省「生活保護制度の在り方に関する専門委員会報告書」2004
6）「新たなセーフティネット検討会」（全国知事会・全国市長会）「新たなセーフティネットの提案～『保護する制度』から『再チャレンジする人に手を差し伸べる制度』へ」2006
7）圷洋一「公的扶助政策と就労支援」『自立支援からみた就労支援施策について』日本社会福祉士会、2006、p.19

本書ではヨーロッパ諸国の動向をふまえ、わが国の公的扶助の方向性によき示唆を与えている。わが国ではヨーロッパ諸国のような生活保護と失業保険との制度的連動性が欠如しており、そのため長期失業者などの低所得対策がきわめて不十分であることを指摘している。

8）OECD編（井原辰雄訳）『世界の社会政策の動向―能動的な社会政策による機会の拡大に向けて―』明石書店、2005年

グローバル社会における今後の公的扶助のあり方に大きな指針を与える貴重な報告書である。公的扶助の具体的な役割や改善策というよりも、むしろその中長期的なあり方や方向性を提示している。

9）同上書、p.4
10）前掲書8）、p.9
11）ドイツ社会扶助改革の概要については以下の文献を参考にした。①布川日佐史「ドイツにおけるワークフェアの展開―稼働能力活用要件の検討を中心に―」『海外社会保障研究』No.147（SUMMER2004）、国立社会保障・人口問題研究所、pp.41-53、②田畑洋一「就労可能者には給付と就労支援を総合的に援助―ドイツの最低生活保障給付（上）」『週刊

社会保障』No.2367、法研、2006、pp.60-61、③田畑洋一「年齢や稼働能力の有無で3グループに給付を区分—ドイツの最低生活保障給付（下）—」『週刊社会保障』No.2368、法研、2006、pp.76-77、④田畑洋一「ドイツ労働市場改革と最低生活保障給付の再編—失業扶助と社会扶助の統合—」『鹿児島国際大学福祉社会学部論集』Vol.24,No.4、2006、pp.1-15

12) 前掲書11）①、p.48
13) 前掲書11）③、p.76
14) イギリス・ブレア福祉政策については、樫原朗『イギリス社会保障の史的研究Ⅴ—20世紀末から21世紀へ—』法律文化社、2005年　に詳述され参考となる。なおブレア福祉政策は、後任のブラウン（J. G. Brown）政権にもほぼ引き継がれている。
15) 山口二郎『ブレア時代のイギリス』岩波書店、2005年、pp.33-36
　　ブレアの福祉政策についてコンパクトにまとめた好著である。
16) アメリカTANF改革の概要については以下の文献を参考にした。①稲葉美由紀「アメリカ福祉改革の動向：TANFと母子家庭」『福岡県立大学人間社会学部紀要』Vol.10、No.2、福岡県立大学、2002、pp.43-56、②阿部彩「アメリカの福祉改革の効果と批判」前掲書4）②、pp.68-76、③藤原千沙・江沢あや「アメリカ福祉改革再考—ワークフェアを支える仕組みと日本への示唆」『季刊社会保障研究』Vol.42,No.4、国立社会保障・人口問題研究所、2007、pp.407-419、④根岸毅宏『アメリカの福祉改革』日本経済評論社、2006
17) 前掲書16）③、pp.407-409
18) 前掲書16）②、pp.71-72
19) 前掲書2）、pp.332
20) 駒村康平「低所得世帯のリスクと最低所得保障」橘木俊詔編『リスク社会を生きる』岩波書店、2004、p.94
21) 埋橋孝文「福祉と就労をめぐる社会政策の国際的動向」『社会政策学会誌』No.16、社会政策学会編、法律文化社、2006年、p.15
　　埋橋はペックの文献を引用し、ワークファーストモデルが「再商品化」の動きであると論じている。ペックは「臨時労働者という旧来のワーキングプア」に加えて「以前福祉受給者であった新しいワーキングプア」の生成について指摘している。なお、このような生成状況についてはデイビッド・K・シプラー（森岡孝二・川人博・肥田美佐子訳）『ワーキングプア—アメリカの下層社会』岩波書店、2007に多くの事例を通じて詳述されている。
22) 中村秀一「生活保護の現状と課題について」『生活と福祉』2006年6月号、全国社会福祉協議会、2006、pp.5-6
23) 前掲書20）、p.113
24) 北九州市では、生活保護に関連した悲惨な事件が頻発している。新聞各紙によれば、2006（平成18）年5月には市営住宅に独居する身体障害者4級の57歳の男性が、死後4ヶ月経ってミイラ化して発見された。この男性はライフラインも止められ、何度か福祉事務所に生活相談に訪れたものの、長男からの援助を受けるようにとのことで申請を拒否されていた。また2007年7月には生活保護を受給していた肝障害の52歳の男性が、その

第 3 章　公的扶助改革とワークフェア

　 3 ヶ月前の 4 月に保護「辞退書」により保護廃止となり、福祉事務所から「働けないのに働けといわれた」と不満をメモに残し、一部ミイラ化して孤独死していたのを発見された。

第4章

貧困の地域的形成と世代的再生産
―筑豊田川郡の生活保護に焦点を当てて―

■はじめに■

　本章では貧困の地域的形成と世代的再生産について、とくに旧産炭地である筑豊田川郡に焦点を当てて以下の順序で論述する。

　筑豊田川郡では、石炭から石油へのエネルギー政策の転換に伴い、経済的繁栄と衰退を経験した。地域への有効な産業雇用政策がなされないまま、大量の炭坑労働者は職を失い、多くの世帯が貧困状態に陥り生活保護受給に至った。そして田川郡管轄の福祉事務所は生活保護申請ラッシュに遭遇し保護事務遂行上、大混乱に陥り、適切なケースワーク対応もままならず、田川郡は多数の保護受給世帯を抱える地域となった。

　保護廃止ケースの調査研究結果では、保護受給世帯の3分の1は保護から脱却することがかなわず、厳しい生活環境を余儀なくされ、子から孫へと保護受給の世代的再生産を繰り返していることが明らかになった。

　このいわゆる貧困連鎖の防止のためには、子どもの発達段階における早期の関わりが重要であることが、いくつかの海外の研究により明らかにされている。

また福祉事務所の対応としては、釧路市の自立支援プログラムの取り組みが有効な示唆を与えることを論述する。

Ⅰ　エネルギー政策転換による貧困の地域的形成

1．旧産炭地・筑豊の発展と隆盛

　筑豊は福岡県の中央部に位置し、明治期以降、遠賀川流域に広がる産炭地として発展してきた地域である。地名の由来は、産炭地が律令国の筑前国と豊前国の両方に跨がるために、筑豊という名称になった。この筑豊地方を構成する自治体としては現在、飯塚市、直方市、田川市のいわゆる筑豊三都と呼ばれる自治体のほかに嘉麻市、嘉穂郡、宮若市、鞍手郡、田川郡がある。
　筑豊における産炭地の歴史は、室町中期に薪よりも燃料効率のよい石炭を農夫が発見したことに始まる。そして江戸期には小倉藩と福岡藩が藩の管理の下に炭鉱開発を進めた。
　明治期に入り、1872（明治5）年に鉱山解放令が公布され、明治政府による殖産興業政策の下、炭鉱開発が急速に進められた。多くの中小炭鉱の乱立とともに、麻生・貝島・明治のいわゆる筑豊御三家とよばれる地場大手炭鉱が発達した。そして1897（明治30）年には官営八幡製鉄所（現・新日本製鉄八幡製鉄所）が設立され、それに伴い石炭需要が急増し、三井・三菱・住友・古河などの財閥系企業が炭鉱開発に参入した。この頃、筑豊における出炭量は全国の約50％を占めるほどになった[1]。ちなみに1914（大正3）年には全国2千万トン出炭中、筑豊は1千万トンを占めていた。なお1913（大正2）年には三菱方城炭鉱ガス爆発事故が起こり、死者687人を出している。筑豊はその発展の一方で、落盤や炭塵爆発など多くの炭鉱事故による悲劇に見舞われたのである。
　昭和期に入り、1937（昭和12）年の日中戦争の勃発を契機とした戦時体制突入の下、石炭増産政策により1943（昭和18）年まで筑豊の出炭量は毎年2千万

トンを超えた。ピーク時の1941（昭和16）年には2,197万トンで全国出炭量の4割を占めた[2]。

こうした筑豊の炭鉱隆盛を支えるために、大量の労働者が必要とされ、九州一円はもとより中国・四国地方などの農村地域から多くの安価な労働者が集められた。また戦時体制期には徴兵により労働者が不足すると大量の朝鮮人強制連行が行われた[3]。

なお大正期までの炭鉱労働者は、前近代的な親分子分関係による一種の債務奴隷として、暴力を統制原理にした閉鎖的な納屋制度に組み込まれていた。納屋制度は中間搾取的な機構であり、炭鉱労働者の全存在はこの前近代的な労務管理により強く束縛されていた[4]。この制度は一部の中小炭鉱では戦前まで温存された。

また、炭鉱労働者はいつ災害に見舞われるか分からない危険な作業に従事していることもあり、筑豊特有の気質を生み出した。いわゆる「川筋気質」である。キビキビし、グダグダ言わず、竹を割ったような性格を好み、宵越しの金を持つのは男の恥とする気風である。これは細かいことにとらわれない男っぽい気前のよさとともに、明日の生活のことも考えない無鉄砲さや計画性の無さを表したものである[5]。

2．旧産炭地・筑豊の衰退と貧困化

終戦直後、出炭量は減少するものの、1946（昭和21）年12月には石炭、鉄鋼を中心とする傾斜生産方式が採用された。政府は戦後の経済復興のために、他の産業を一時的に犠牲にしてまで、石炭産業に資金と資材を重点的に投入することにした。そして翌1947（昭和22）年12月には、「臨時石炭鉱業管理法」（3年の時限立法）が制定され、石炭産業は戦後復興のための国家事業として積極的に推進された。

1951（昭和26）年の朝鮮戦争時には、特需景気により筑豊は活況を呈し、炭鉱数265、炭鉱労働者数12万5千人とピークを示した。ところが朝鮮戦争後の

不況と相まって、状況は一転し、炭労63日ストによる石炭不足のための外国炭の輸入、重油への転換、さらに高炭価問題も深刻化した。1954 (昭和29) 年頃には石炭は供給過剰となった。石炭産業界は出炭制限や人員整理によりこれに臨んだ。その結果、数多くの中小炭鉱が休廃鉱に追い込まれ、全国では休廃鉱が270に上った。筑豊でも炭鉱数216、炭鉱労働者数9万3千人に減少した[6]。

こうした状況下で政府は1955 (昭和30) 年に「石炭鉱業合理化臨時措置法」を公布した。この法律は非能率的炭鉱の整理と優良炭鉱の生産集中というスクラップアンドビルド政策により、石炭産業の抜本的な体質改善を図ろうとするものであった。すなわち「炭主油従」を目的とした石炭産業の安定化をねらったものであった[7]。しかし目的に反し、これはいわゆる石炭から石油へのエネルギー政策の転換を進めた。この結果、中小炭鉱の相次ぐ閉山とともに炭鉱離職者 (失業者) が激増した。そして大量の失業者が閉山後の炭鉱住宅地 (炭住) に滞留した。

このような失業者の急増と滞留は、地域における貧困の蔓延、教育環境の荒廃、自治体財政の危機、社会不安の増大など、筑豊に深刻な社会問題を引き起こした。これに対し政府は1959 (昭和34) 年に「炭鉱離職者臨時措置法」を制定し、広域職業紹介による他地域への移住促進、職業訓練、緊急就労事業による失業者対応等の措置を講じることにした[8]。

なおこの頃、欠食、長欠、不就学など子どもの教育環境上の深刻な問題がマスコミ報道され、筑豊の子どもを守ろうと婦人団体有志による「黒い羽根運動」が全国的に展開された。このことは筑豊の炭鉱離職者世帯の悲惨な生活状況について、多くの国民の関心を集めることになった[9]。

政府は1959 (昭和34) 年に「新合理化長期計画」を出した。これはエネルギー革命の必然として、石炭産業の体質改善のために、大規模な人員整理を進行させるものであった。その結果、大手炭鉱も合理化の対象とされ、筑豊の大手炭鉱では三井鉱山の4,500人の人員縮小をはじめとする本格的な合理化が行われた[10]。この年の筑豊の炭鉱離職者数は3万2千人に上った。なお1960 (昭和37) 年には大牟田市の三井三池炭鉱で「総資本対総労働の対決」とよばれた三

池闘争が起こっている。

　一方、産炭地自治体は他の産業の積極的誘致によって地域経済の再生を図る地域振興策を要望した。その結果、1961（昭和36）年に「産炭地域振興臨時措置法」が制定された[11]。

　そして1962（昭和37）年には石炭鉱業審議会第1次答申が発表され、大規模炭鉱閉山と人員整理の合理化徹底という政策が決定された。この結果、三井田川など大手炭鉱の閉山が相次ぐことになった。ちなみに1967（昭和42）年には筑豊の炭鉱数は55、炭鉱労働者数は1万3千人にまで減少した。そして1969（昭和44）年には石炭鉱業審議会第4次答申により、筑豊における石炭の終焉が発表された（表4-1）。

　第1次から第4次答申までの炭鉱の相次ぐ閉山により、筑豊はわが国の産業近代化を支えた主要炭鉱地域としての役割を終えることになった。また他方では、地域経済の衰弱と大量の失業者、深刻な貧困問題という重い課題を抱えることになった。

　「炭鉱離職者臨時措置法」「産炭地域振興臨時措置法」による炭鉱離職者対策、地域経済復興対策は効果的に機能せず、大量の失業者救済や地域経済活性化にはつながらなかった。その結果、貧困を理由とした生活保護の集団申請が相次ぎ、筑豊田川郡における保護率は、1961（昭和36）年には105.9‰、さらに1964（昭和39）年には200.3‰という、実に住民の5人に1人は生活保護受給者という地域的貧困現象を呈することになった。この200‰台の保護率は1973（昭和43）年まで継続し、筑豊における貧困の地域的形成が進行していった。

表4-1　旧産炭地筑豊の歴史

西暦（年号）	重要事項及び記事
1478（文明10）年	遠賀郡埴生村で石炭発見
1872（明治5）年	鉱山解放令の公布　炭鉱開発の急進展　地場大手炭鉱の発達
1897（明治30）年	官営八幡製鉄所の設立　財閥企業の炭鉱参入　出炭量全国の50%
1914（大正3）年	三菱方城炭鉱でガス爆発事故（死者687人）
1915（大正4）年	全国2千万出炭中、1千万トンを占める
1940（昭和15）年	石炭増産政策の採用　全国の出炭量史上最高5,631万トンを記録
1941（昭和16）年	ピークとなり出炭量2,197万トン、全国出炭量の4割を占める
1945（昭和20）年	太平洋戦争の終結　出炭量減少
1946（昭和21）年	石炭、鉄鋼を中心とする傾斜生産方式の採用
1947（昭和22）年	「臨時石炭鉱業管理法」（3年の時限立法）の制定
1951（昭和26）年	朝鮮戦争の特需景気　炭鉱数265、鉱員数12万5千人と最高
1952（昭和27）年	炭労63日スト　石炭不足で重油転換が始まる
1954（昭和29）年	石炭過剰　全国で休廃鉱270 筑豊も炭鉱数216、鉱員数9万3千人と大幅減少
1955（昭和30）年	「石炭鉱業合理化臨時措置法」制定　スクラップアンドビルド政策
1959（昭和34）年	「炭鉱離職者臨時措置法」制定　「黒い羽根運動」が起こる 炭鉱離職者数3万2千人 「新合理化長期計画」による大規模人員整理 三井鉱山4,500人の人員整理
1960（昭和35）年	「三井三池争議」（総資本対総労働）が起こる
1961（昭和36）年	「産炭地域振興臨時措置法」制定　筑豊で生活保護急増100‰突破
1962（昭和37）年	「石炭鉱業審議会第1次答申」　三井田川など大手炭鉱閉山相次ぐ
1964（昭和39）年	筑豊の生活保護率200‰突破
1967（昭和42）年	筑豊の炭鉱数55、鉱員数1万3千人まで減少
1969（昭和44）年	「石炭鉱業審議会第4次答申」により筑豊の石炭終焉

出所）大橋薫「アルコール依存問題」『旧産炭地の産業と生活の変遷と地域福祉の課題』p.86の「筑豊炭田に関する年表」を基に筆者一部修正

Ⅱ 生活保護の急増と適正化政策

1．第2次保護適正化政策と筑豊

　筑豊の最盛期ともいうべき1951（昭和26）年当時、田川郡の保護率は9.4‰と全国の24.1‰と比べてはるかに低率であった。ところが昭和30年代に入ると、1955（昭和30）年には42.7‰と全国の21.7‰の約2倍となった。この年は「石炭鉱業合理化臨時措置法」が制定され、いわゆるエネルギー政策転換が打ち出された時である。この政策により炭鉱閉山が相次ぎ、大量の炭鉱労働者が失業し、生活保護を受給することになった。大手の炭鉱労働者には会社を通じて、都会への就職斡旋がなされたが、中小の炭鉱労働者にはそのような便宜は少なかった。こうした状況の中で、失業した炭鉱労働者の福祉事務所への生活保護の集団申請が行われたのである。この結果、保護率は上昇を続け1970（昭和45）年には222.7‰にまで達した。

　一方、当時の筑豊における田川郡管轄の田川福祉事務所は、集団申請に対応しうる職員（ケースワーカー）体制が不十分であった。申請者にはエネルギー転換という国家政策の犠牲者であるという意識により、失業生活は当然、生活保護で支えられるべきであるという意識を持つ者が多かった。これに対して福祉事務所のケースワーカーは、申請者がほとんど炭鉱労働の失業者ということもあり、個別事情に留意した綿密な資産調査（ミーンズテスト）をする余裕もなく申請受理、保護開始という事務処理作業に忙殺された。このため保護から早期に脱却するという意識が受給者には乏しく、他方で保護から脱却させるための個別事情に即したケースワーク的働きかけが、福祉事務所側には乏しかったといえる。

　こうした福祉事務所の職場事情には、当時の職員労働組合の運動方針や県当局の人事政策も大きく関係していた[12]。当局との労使対立が強かった職員労働組合は炭鉱離職者の生活保護集団申請に対しても、失業と貧困はエネルギー政

策の転換により生み出されたものであるから国家は当然、責任を負うべきであるという方針であった。他方で職員労働組合は人事異動について1955（昭和30）年に3原則を申し入れている。その内容は、①内示は1週間前にすること、②住宅、通勤等に考慮すること、③本人の意思を尊重することの3つである。当局は③については約束できないとしていたが、1960（昭和35）年には双方合意に至っている[13]。そしてこのことが、筑豊の田川福祉事務所の人事異動を硬直化させた。すなわちケースワーク業務や行政事務に経験あるベテラン中堅職員は、筑豊への異動を敬遠することになった。その結果、県当局は大量の大卒職員を新規採用し、もっぱら筑豊のケースワーカーとして配置した。

　こうした中、厚生省は1964（昭和39）年に第2次保護適正化政策を実施した。そこでは炭鉱離職者や出稼ぎ者を対象に、不正受給防止を主眼として、収入申告審査、検診命令、就労指導の徹底が図られた。厚生省は福岡県を特別指導県とし、とくに関係団体の圧力により失業対策事業従事者の賞与が収入認定されていないことを問題視した。さらに厚生省は1969（昭和44）年、すでに適正化に取り組み、保護率が急落している田川市や北九州市に倣って、県当局に保護行政の指導管理体制の強化、大規模福祉事務所の分割、ケースワーカーや査察指導員の充実強化を求めた[14]。これを受けて県当局は翌1970（昭和45）年、本庁に保護課の新設、福祉事務所の機構改革、ケースワーカー、査察指導員の大幅増員を行った。この結果、田川郡の保護率は1978（昭和53）年には184.2‰にまで減少した。

　この1960～70（昭和35～45）年にかけては、わが国は高度経済成長の時代であり、絶対的貧困から相対的貧困に移行する時期でもあった。国民全体が物質的豊かさを追い求め、実現させていく時代であったが、これに対して筑豊は極度の貧困により人間性の破壊、家族崩壊、地域社会の荒廃などさまざまな社会問題を抱える地域になっていった。生活意欲や自立意欲を失った生活保護受給者が、長期にわたって保護に依存するようになった。そして1970年代後半以降は、保護2世や3世といった貧困の世代的再生産の問題が表面化してくるようになった。まさに「地域社会が多くの失業者をかかえて全体として貧困化して

いるとき、かれらに正常な労働条件での就業機会を保障する雇用政策、産業政策を欠落させたまま、長期にわたって生活保護制度により生活を保障する政策が採られると、被保護者たちは惰民化して、しかも世代的再生産をする」[15]という状況に進んでいった。

2．第3次保護適正化政策と筑豊

　田川郡の保護率は1980年代に入っても、1987（昭和62）年まで180〜200‰台の高原状態が続いた。そしてこの頃から被保護世帯類型では相対的に傷病者世帯や母子世帯のウェイトが高まっていった。いわゆる保護2世や3世を含む稼動年齢層世帯である。

　一方、国の保護率は1971〜1984（昭和46〜59）年まで12‰前後を維持していた。しかしわが国は1973（昭和43）年の石油ショックを境として以降、低経済成長の時代に入った。そのために財政が硬直化し、行政改革の下、福祉の見直しや社会保障の抑制が行われた。そしてこれらを背景として、1980年代以降から「第3次保護適正化」政策が行われた。その直接の契機は和歌山県御坊市（1980年）、北九州市（1981年）における暴力団員の不正受給であった。そこで国は1981（昭和56）年に「123号通知」とよばれる「生活保護の適正実施の推進について」（社保123号）を発行した。これは同意書徴収による資力調査の徹底など不正受給防止の強化を図ろうとするものであった。この通知導入にあたって、同意書徴収は要保護者の人権を無視した白紙委任による無差別調査であるとして、各都道府県、政令指定都市において強い反対意見が職員労働組合を通じて出され全国的に紛糾した。しかし最終的には国に押し切られ全国的導入に至った。この結果、保護率は1988（昭和63）年には9.6‰、1995（平成7）年には7.0‰まで急落した。

　さて北九州市において暴力団員不正受給がマスコミにより大きく取り上げられた一方で、筑豊田川郡では、指切り保険金詐欺事件（1982年）[16]、保護費の代理受給（1983年）[17]、土木業者の不正受給事件（1984年）[18]等の一連の生活保

護がらみの事件がマスコミを賑わせることになった。これらは一部の長期保護受給者による精神的退廃を表す事件でもあった。

　こうした状況を背景として県保護課は1983（昭和53）年11月、職員労働組合に対し123号通知に基づく生活保護適正実施を提示した。とくにこの頃、一連の事件と相まって保護受給者の自動車保有問題が一般住民からも指摘され、住民に納得してもらえる保護行政の展開が求められた。そこで不正受給防止のために、要保護者の人権に十分配慮した123号通知の導入ということで労使が合意した。こうして田川福祉事務所では自動車問題や不正受給に対する組織的取り組みが確立され、保護の適正実施が進行していった。この結果、管内の保護率も減少し1997（平成9）年には84.6‰まで急落した。

　田川福祉事務所の保護率は1997（平成9）年をボトムとして、その後のバブル崩壊による景気悪化と低経済成長という経済環境の悪化を反映し、全国同様、増加傾向を示し2011（平成23）年3月現在、117.8‰となっている（表4-2）。

　炭鉱閉山後、半世紀近くを経た今も、筑豊では住民の8.5人に1人が生活保護を受給している。エネルギー政策転換の後遺症はいつまで続くのであろうか。ちなみに、かつて出炭量がその最盛期に全国の1割を誇った常磐炭田では、労使協調体制により閉山後の炭鉱離職者の再就職が9割方スムーズに移行し、生活保護にさほど影響を及ぼさなかったという報告がある。もちろん筑豊と比べて、産炭地域が小規模であること、中小炭鉱会社が少なく独占的な大手炭鉱会社の支配の下にあったこと、東京から200kmというアクセスの良さによる労働市場の至便性といったこともあるが、エネルギー転換後の旧産炭地における生活保護を研究する上で一つの参考ケースになる[19]。

第4章　貧困の地域的形成と世代的再生産

表4-2　田川郡の被保護世帯数・被保護人員・保護率の年度別推移

年度	被保護世帯	被保護人員	郡保護率	県保護率	全国保護率
1951	508	1,496	9.4‰	9.3‰	24.1‰
1952	630	1,663	10.0	11.4	24.7
1953	757	2,000	11.9	12.6	22.3
1954	827	2,329	14.3	14.9	21.4
1955	1,947	7,033	42.7	17.2	21.7
1956	2,326	8,706	53.2	23.3	20.3
1957	1,724	5,864	35.6	22.3	18.2
1958	1,751	6,120	37.0	20.3	17.6
1959	2,602	9,480	57.4	24.3	17.6
1960	3,503	12,900	81.5	32.0	17.6
1961	4,298	15,557	105.9	37.0	17.4
1962	5,539	19,685	143.9	45.3	17.4
1963	7,311	25,539	197.6	56.6	18.1
1964	7,765	25,052	200.3	64.7	17.5
1965	7,991	24,125	199.5	57.6	16.5
1966	8,324	24,652	214.7	57.3	15.9
1967	8,391	24,050	209.4	55.2	15.4
1968	8,322	23,164	201.7	55.8	14.5
1969	8,420	22,765	198.2	50.8	13.6
1970	8,497	22,218	222.7	57.5	13.0
1971	8,577	21,654	217.1	54.4	12.6
1973	8,579	20,348	207.7	50.5	12.4
1978	7,908	18,495	184.2	44.0	12.4
1981	8,315	19,491	192.5	42.8	12.2
1984	8,962	21,394	208.7	44.2	12.2
1987	8,008	19,034	184.5	35.9	10.4
1988	7,399	17,710	167.2	32.3	9.6
1993	5,068	10,026	102.4	19.8	7.1
1995	4,715	8,898	92.2	17.6	7.0
1997	4,445	8,124	84.6	16.5	7.2
1998	4,490	8,144	85.4	16.6	7.4
2006	5,698	9,576	107.3	20.4	11.7
2011.3	6,221	10,010	117.8	24.8	15.3

出所)『福岡県田川福祉事務所四十年史』p.76を基に筆者一部加筆修正

Ⅲ 貧困の世代的再生産の実態（田川郡生活保護廃止ケースの実態調査結果をふまえて）

1．生活保護受給世帯の実態と貧困連鎖

　福岡県立大学（付属研究所）では、福岡県より委託を受けて田川保健福祉環境事務所管内における保護廃止台帳（2004・2005年度より抽出された502ケース）を分析対象として調査研究を実施し、『田川郡における被保護者の自立阻害要因の分析』（2008年）を研究成果としてまとめた[20]。ここでは筆者も一員として関わった調査結果の簡単な紹介をふまえて、生活保護受給世帯の実態と貧困の連鎖について論述したい。
　全体概況調査の一端をみると[21]、廃止502ケース中、①保護開始時における世帯類型の特徴として、高齢世帯が29.3％、母子世帯は16.3％であった。②全体の60.8％が過去に生活保護受給歴を有していた。③保護適用年数では10年以上が27.6％、さらに20年以上では13.9％であった。④保護の開始理由では世帯主の傷病が46.0％、廃止理由では世帯主の死亡が40.0％であった。⑤世帯主の最終学歴では半数近くの47.4％が中学校卒であり、小学校卒23.3％を合わせると70.7％が中卒以下の学歴であった。さらに高校に進んだ者のうち中退した者は31％（全国平均2.2％）であり、これを含めると全体の77.8％が高校を卒業していない。⑥世帯主の57.8％が離婚歴を有していた。⑦世帯主の転職回数は5回以上の者が55.2％をこえていた。世帯主の35.5％が正職員の仕事を1年も続けることが出来なかった。⑧世帯主の84.5％が何らかの傷病・障害を有している。主な傷病としては肝障害（12.5％）、その他の内臓疾患（17.7％）、精神障害（8.0％）、糖尿病（7.2％）である。また依存癖ではアルコール依存が10.6％、薬物依存が4.0％であった。以上が全体概況である。
　次に焦点を絞って、保護の連鎖状況について見てみよう[22]。調査では、「保護の連鎖」とは親から子どもへの世代的再生産を中心に、兄弟姉妹等の親族・

姻族間の連鎖をも含むものとした。本調査では、502ケース中、「子ども受給」（12.5％）、「親・その他（おじ・おば・甥・姪）受給」（11.2％）、「親受給」（9.6％）、「兄弟姉妹受給」（9.6％）、「その他」（5.0％）となっている。実に半数近い47.8％に保護の連鎖が見られた。このうち「親受給」「子ども受給」「親・その他受給」の計33.3％、3分の1が保護の世代的再生産となる。さらに詳しく見ると、「親受給」では、世帯主の戦前・戦中生まれは18.8％に過ぎず、8割以上が戦後生まれである。いわゆる炭鉱閉山後の保護2世・3世である。また「親・その他世帯」でも戦前・戦中生まれは17.9％と2割に満たず、半数以上が1960年代生まれの若い世代である。全体的に見ると「親受給」「親・その他受給」の世帯では戦後生まれの中・若年層を中心とした保護2世・3世の世帯、とくに母子世帯が多い。ちなみに母子世帯では「親受給」「親・その他受給」による親から子への貧困連鎖が約4割（40.2％）となっている。他方「子ども受給」「兄弟姉妹受給」では、戦前・戦中生まれの高齢世帯が中心であった。

　こうしてみると、全体の3分の1は世代的再生産による保護2世・3世であり、母子世帯では4割となる。また全体の2分の1は、親族・姻族間に大きく広がる環状的な保護の連鎖構造を有していることが分かる。

　なお道中隆による被保護世帯調査[23]（2007年）では世帯主の保護受給歴が42.8％、最終学歴が高校中退を含めた中卒で72.56％、そして親から子への保護の世代間継承が約25％、母子世帯の世代間継承40.6％という結果が示されている。

2．生活保護受給母子世帯における貧困の世代的再生産

　ここではさらに調査結果に基づく母子世帯の実態と貧困連鎖について見てみよう。

　母子世帯は502ケース中、82ケースと全体の16.3％を占めていた。この82ケースの基本情報は以下のとおりである[24]。

　①　世帯主の保護開始時における平均年齢は33.9歳であり、「20～34歳」

52.4％、「35～49歳」43.9％となっており、半数以上が「20～34歳」であった。

② 世帯主の保護廃止時の平均年齢は39.5歳であった。「20～30歳」が41％、「35～49歳」が38％であった。

③ 保護の開始理由では「働いていた者の離別」28％、「世帯主の傷病」25.6％、「働きによる収入の減少喪失」20.7％であった。離婚がそのまま保護開始の大きな要因となっていた。また廃止理由では「働きによる収入増加」が45％と半数近くを占めていた。

④ 世帯主の最終学歴では「小卒」1.2％、「中卒」41.5％、「高校（中退を含む）」48.8％、「短大・専門学校」8.5％であった。なお「高校」を最終学歴としたものの、そのうち32.5％が「中退」であった。したがって「中卒」「高校中退」を合計すると58.5％が高校を卒業していない結果となった。

⑤ 世帯主の初職では「販売」34.2％、「工場労働者」27.6％と6割以上が単純労働である。初職平均年齢18.7歳、初離職平均年齢20.2歳であった。結婚や出産を機に41.5％が離職している。

⑥ 生活保護歴の有無では57.3％が過去に保護歴を有していた。

⑦ 平均初婚年齢は22.2歳で、初婚時年齢分布では「16～19歳」35.1％、「20～24歳」36.5％であった。3分の1以上が20歳未満の結婚であった。

⑧ 第1子出産の平均年齢は23.5歳で、20歳以下の出産が38.8％、19歳以下では22.5％である。約4割が20歳以下の出産である。

⑨ 離婚時の平均年齢は29.8歳であった。また離婚理由（複数回答）のトップは借金30.4％であり、DVが19.5％とこれに続いている。

なお道中による調査[25]（2007年）では母子世帯の保護受給歴は21.6％、最終学歴は中卒および高校中退が66.0％（高校中退27.4％）、10代出産26.4％という結果を示している。

さて母子世帯の貧困連鎖について、ライフサイクルの視点から見てみるとどうであろうか[26]。廃止ケース記録から母親の生活歴を遡ってみると、中卒までの家庭環境では、少なくとも5人に1人（18.8％、記録不明のケースが多々あり、

現実にはもっと多いことが予想される）が生活保護受給世帯に生育している。両親の離婚、別居については4人に1人（23.7％）が経験し、さらにこれに親との死別や施設入所を加えると3人に1人（31.3％）となる。乳幼児期から多感な思春期の中学時代までに、これだけ重い家庭的不幸を背負っていることになる。そして中学時代の本人自身もともすれば不登校、長欠、非行、あるいは中絶といった問題行動（37.5％の世帯で記録あり）を担うことになる。また子どもの進学については確定している者のうち高校中退を含む中卒は38％、高卒以上は62％となっている。高卒率が約6割という数値は、全国では約9割の昨今において、きわめて低率といえる。このことは低学歴・不安定就労・早婚・出産・離婚・生活保護受給といった母親が歩んだ貧困サイクルを子どもも歩むことを懸念させる。いわゆる保護の世代的再生産である。

青木紀は「貧困の世代的再生産あるいは継承とは、現象的には2世代以上にわたって社会的に受容できないほどの貧困生活状態が続くような状況が、ある集団あるいは層として形成されていることを意味している」[27]と述べている。今回の筑豊・田川郡の調査結果は親から子へ、さらには孫へと続くまさに貧困の世代的再生産過程を実証するものといえる。

Ⅳ　貧困の世代的再生産の防止に向けて

1．貧困の世代的再生産の要因とメカニズム

メアリ・コーコラン（M. Corcoran）とテリー・アダムス（T. Adams）は、貧困の世代的再生産を以下の4つの説明モデルに分類している[28]。すなわち、①経済的資源モデル、②非経済的資源モデル、③福祉トラップモデル、④構造・環境モデルである。①は親の経済的資源の不足が、子どもの心身の発達やその後の安定的な仕事確保の能力に悪影響を与えるというものである。②は親の非経済的資源の不足（低学歴や離婚など）が、次世代の子どもの貧困に陥る機会

を増大させるというものである。③は、政府の福祉政策そのものが罠となって、受給者の生活・自立意欲を喪失させ、福祉文化や福祉依存を生み出すというものである。そして④は、地方における高い失業率、都心部の仕事の欠如、そこでの集中した貧困や中産階級の欠落の中で、とくに仕事のないことが家庭の貧困と不安定性を助長し、そのことが子どもの成長・社会化に悪影響を及ぼすというものである。

実際の諸事例は、どれか1つというものではなく、これら4つのモデルが融合輻輳した形で貧困の世代的再生産過程を生み出していることは、既述の筑豊・田川郡調査でも実証されているとおりである。例えば親の経済的貧困が、学資等の教育負担費用逼迫により子どもの進学意欲を失わせ、その結果、中卒や高校中退等の低学歴のために安定した仕事に就くことができないこと、また親の離婚等が子どもの情緒的安定を混乱させ、あるいは描いていた将来像を喪失させること、さらに生活保護の長期受給が、それに依存的になり自立意欲や生活意欲を喪失させること、そして地域社会の貧困化が、これらの事情に一層の拍車をかけること、という貧困の構図である。

またハインズ（P. Hines）は、家族ライフサイクルの特徴に関連付けて、①圧縮されたライフサイクル、②離婚と未婚による母親のみの子育て、③慢性的なストレスと予期せぬ喪失体験（急性ストレス）を貧困家族の特徴として挙げている[29]。これらの特徴についてもすでに調査結果で確認したとおりである。すなわち貧困家庭での生育・中卒もしくは高校中退・就職・20歳前後の結婚・間もなくの妊娠と出産・離婚といった圧縮されたライフサイクル、シングルマザーとしての親族の援助も得られない未熟な子育て、貧困（慢性ストレス）と子どもにとっての親の離婚に伴う喪失体験（急性ストレス）は、さらに次世代の子どもに学業不振、進学意欲の低下、中卒、高校中退等を招く。そしてまさに親と似たライフサイクルを引き継いでいくことになる。

これらの理論研究は、貧困が子どもの早期の発達段階に悪影響を及ぼすことを指摘している。子どもの健全な発達成長が、とくに乳幼児期における親子（母子）関係および家庭環境に大きく影響を受けることは、児童心理学や児童精神

医学でも明らかにされている。そしてその基底的要因として経済的安定性がある。また心理学的研究では、貧困世帯の親は抑うつ、不安、トラウマ、ストレス、社会的孤立感が強く、他者への信頼関係形成が困難であることを明らかにしている。そしてこうしたことは、気まぐれで感情まかせの一貫しない子育てにより、すぐに子どもに罰を与え、恐怖心を抱かせ、暖かさの乏しい家庭形成に結びついていく。そしてこのことが、子どもの情緒的不安定、中卒、高校中退、不安定就労といった貧困サイクルの道を歩ませることになる。

このような貧困サイクルの抑制のためには、例えば福祉事務所としては子どもの健全発達を目的として親子（母子）関係に注目した関わりを保健所や児童相談所、保育所、学校と緊密に連携しながら対応する必要があろう。今回の筑豊・田川郡調査でも母子世帯自立にいたる背景の最大要因が、とくに末子の高校卒業・就労と連動することが多いと示されている。したがって、早寝・早起き・朝食推進を含めた子どもの健全育成、さらには中退をしない高校進学の保障といった観点による乳幼児期からの長期的関わりが求められる。

2．貧困の世代的再生産防止への取り組み

生活保護における自立支援プログラムが、2005（平成17）年度から全国の福祉事務所で導入展開されている。この自立支援プログラムは従来の経済的給付を中心とした生活保護システムを、受給者の自立を支援するシステムに転換することを目的としたものである。そしてこれまでケースワーカーの個人的経験や技術に依拠してきた受給者の自立支援について、多様な対応が求められていること、保護の長期化を防止する必要があることなどから事務所として組織的に対応するものである。そこでは管内の受給者全体の状況を把握した上で、受給者の自立阻害要因についての類型化を図り、それぞれの類型ごとに取り組むべき自立支援の具体的内容および実施手順等を定め、これに基づき個々の受給者に必要なきめ細やかな支援を組織的に実施するものである。具体的なプログラム例として就労支援事業、若年者就労支援、精神障害者就労支援、元ホーム

レス等居宅生活支援、多重債務者等対策などの自立支援プログラムがある。

　福祉事務所の現場では、これまでともすれば就労による経済的自立支援（就労自立支援）に焦点化しがちであり、健康、身辺管理などの日常生活の自立支援（日常生活自立支援）や社会的つながりの回復・維持などの社会生活における自立支援（社会生活自立支援）は第二義視されがちであった。しかし自立支援プログラムでは、これら3つは並列の関係として捉える。

　自立支援プログラムの展開においては、福祉事務所がこれまで有している社会資源やノウハウに限りがあることから、それらをさらに豊かにするために、それぞれの自治体が創意工夫を生かすことが必要とされ、そのために各地で地域の実情に即した多様な支援の取り組みが行われている。

　さて今回の筑豊・田川郡調査では、いわゆる保護連鎖世帯の中核である保護2世・3世の中若年者についての自立阻害要因（調査員判断）として「勤労意欲の低さ」「働き口がない」が高い順位を示していた。就労意欲をどう持たせるかが、働き口の確保とともに大きな課題である。これについて福祉事務所は、どのような自立支援プログラムで対応すべきであろうか。

　ひとつの手がかりとして筑豊同様、かつて炭鉱産業で活況を呈し、現在では経済的に衰退している釧路市の自立支援プログラムの取り組みが有効な示唆を与えてくれる。ちなみに2005（平成17）年度の有効求人倍率が全国平均0.98、筑豊では0.58、そして釧路市では0.45であった。また保護率も2009（平成21）年度現在で49.5‰と、住民のほぼ20人に1人が保護受給者である。このような釧路市において「社会資源とのつながりを切り口に」自立支援策を検討し、福祉事務所や受給者の有する資源のみならず、NPOを含めた民間福祉資源にまで間口を広げ、これら社会資源の総合的な活用法から自立支援のあり方を求めた。そこでは地域福祉という広い視点からコミュニティとの関わりの中で福祉事務所、受給者ともに協働して自立支援を具体化していこうとするものである。

　釧路市の自立支援プログラムでは、受給者のおかれた状況に応じて次の4つの段階プログラムを用意している。①規則正しい日常生活のリズムを取り戻し、きちんと生活できるようにする日常生活意欲向上プログラム、②家の外へ出て、

介護事業所のヘルパーと同行して高齢者の利用宅を訪問したり、NPO法人での小規模作業所や子育て自立支援教室へ参加したり、あるいは市立公園・動物園での軽作業など、社会とのつながりを回復する就業体験的ボランティア事業プログラム、③もう一歩踏み出し、試験的雇用など就労へ向けた準備をする就業体験プログラム、④OAやヘルパーなどの資格取得講座の受講やハローワークなどを通して、就労を目指す就労支援プログラムという4段階ステップである。とくに②の「生活型」支援は、これまでの福祉事務所による直線的な「企業就職」就労支援に比べて、受給者の前向きな就労意欲の醸成につながる。長らく就労から遠ざかっている受給者、あるいは就労はもとより社会生活にも自信が持てなくなっている受給者にとって、いきなりの「企業就職」ではなく地域の福祉資源を活用したボランティア型の就労体験は、本人の自尊心や自己肯定感を醸成し、エンパワメント向上につながる。その結果、ステッププログラムの対象者からは「元気が出てきた」「仲間が出来た」「生活が充実してきた」などの反応が多くあった。そして2006～2009（平成18～21）年度までの4年間で2,455人がプログラムに参加し、448人が仕事に就き、121人が保護廃止となった[30]。なお釧路市では、このステッププログラムとは別に高校進学予定者、多重債務者、DV被害者などを対象としたプログラムも用意している。

　このような釧路市の自立支援プログラムの取り組みは、筑豊においても保護連鎖世帯に生育し、「就労意欲」が持てない就労以前の日常生活支援、社会生活支援が必要な受給者の自立支援に有効な示唆を与えてくれるであろう。また「働き口の確保」についても一般企業のみならず、地域のボランティア的就労先を、福祉事務所がNPOや民間福祉施設あるいは環境事業所等の協力を求めて広く発掘・創造し、多様なメニューを用意することが重要となる。そしてこのような多様なメニューの中から、ケースワーカーと受給者がよく話し合って、受給者本人の生活歴、職業歴、資格能力等に応じたメニュー選択をし、社会参加や就労支援を進めていくことが重要となる。そしてこうしたことが受給者本人のエンパワメントを向上させ、日常生活自立支援、社会生活自立支援と一体となった就労自立支援につながる。またこうした「寄り添い型」の取り組みは、

地域における社会関係資本の充実、さらには社会的包摂(ソーシャルインクルージョン)にもつながる。

　まさに自立支援プログラムの積極的かつ効果的な取り組みは、住民のセーフティネットを守り支える地域第一線の機関であり、地域福祉の中枢機関である福祉事務所の専門的機能再生の絶好の機会である。そしてこの専門性に裏づけられた機能発揮こそが、「貧困の世代的再生産」の解明とその対処支援方法の開発と向上、さらに防止へとつながるであろう。

■おわりに■

　ここまで筑豊田川郡に焦点を当てて、貧困の地域的形成と世代的再生産について論じてきた。エネルギー政策の転換により、大産炭地であった筑豊は大量の失業者と多数の生活保護受給世帯を生み出した。

　田川郡福祉事務所は保護の申請事務処理に忙殺される一方で、県当局の人事政策の拙劣さも相まって、保護受給世帯に対するニーズに即した地道なケースワーク対応もままならない状況が継続した。

　その結果、貧困が地域的に形成され、保護廃止台帳502ケースの調査研究でも明らかにされたように、実に3分の1が保護の2世、3世という世代的再生産を繰り返している。また母子世帯では4割に達している。

　貧困の世代的再生産については、貧困が子どもの早期の発達段階に悪影響を与えるという海外の研究が示唆的である。また福祉事務所の取り組みでは、釧路市の自立支援プログラムにおけるエンパワメント重視の実践事例が大きな示唆を与えてくれる。このような積極的かつ効果的な自立支援プログラムへの取り組みは、福祉事務所の専門的機能再生の機会であり、その機能発揮こそが「貧困の世代的再生産」防止の有効な対応方法につながることになろう。

第 4 章　貧困の地域的形成と世代的再生産

【引用文献・注釈】
1）清田勝彦「石炭産業と筑豊地域社会」『旧産炭地の産業と生活変遷と地域福祉の課題』平成 7 ～ 9 年度科学研究費補助金研究助成報告書（研究代表者　保田井進）、1998、p.2
本論文は筑豊炭田の盛衰についてコンパクトにまとめている。また本報告書は福岡県立大学の多数の教員により、筑豊の産業、生活、教育、地域、福祉などの領域における諸問題を多面的に研究したものである。なお平兮元章・大橋薫他編『旧産炭地の都市問題―筑豊・飯塚市の場合―』多賀出版、1998も、旧産炭地・筑豊が抱える諸問題について多面的に論じた総合的研究書である。
2）同上書、p.3
3）炭鉱の朝鮮人強制連行については金賛汀『火の慟哭―在日朝鮮人坑夫の生活史―』田畑書店、1980 に詳しい。終戦間際の1944（昭和19）年には朝鮮人の九州地方炭鉱労働者数は 7 万4,736人に上り、全体の30％を占めていた（同書、p.131）。なお帚木蓬生『三たびの海峡』新潮社、1992にも朝鮮人炭鉱労働者の労働実態についてリアルに描かれている。
4）上野英信『地の底の笑い話』岩波書店、1967、pp.15-16
同書は筑豊の炭鉱労働者の労働生活文化について描写している。また挿絵として2011（平成23）年にユネスコ世界記憶遺産として登録された山本作兵衛の作品を随所に入れ、内容をよりリアルにしている。
5）この川筋気質については五木寛之『青春の門　筑豊編』講談社、1970の登場人物に特徴的に描かれている。
6）前掲書 1 ）、p.4
7）前掲書 1 ）、p.5
8）前掲書 1 ）、p.5
9）前掲書 1 ）、p.8
この黒い羽根運動を契機に、キリスト教系大学の学生たちが筑豊に来て（キャラバン隊）、子どもたちのためのボランティア活動やセッツルメント活動を展開した。なお筑豊の子どもの悲惨さについては、土門拳の写真集『筑豊の子どもたち』築地書館、1959（新装版、1977）が国民に大きな反響をよんだ。
10）前掲書 1 ）、p.6
11）前掲書 1 ）、p.6
12）細井勇「筑豊田川郡における生活保護の適正実施をめぐって」『福岡県立大学人間社会学部紀要』Vo.5 ,No.1 、福岡県立大学、1996、p.52
本論文はエネルギー政策転換直後の田川福祉事務所における保護大量申請とそれに対応する忙殺的対応について詳述している。
13）自治労福岡県県職員労働組合『福祉職能協議会四十年史』1997、p.18
14）田川地区社会福祉研究会『福岡県田川福祉事務所四十年史』1996、p.35
15）副田義也『生活保護制度の社会史』東京大学出版会、1995、p.142
16）保護受給者が損害保険に加入した後、まもなく自分や妻あるいは友人の指を切断して、事故による指切断と偽って保険金を不正受給した事件。
17）この事件はサラ金業者が保護受給者に代わって保護費を代理受領したもので、K町では

保護受給者の4分の1が委任状による代理受給であることが判明した。
18) この事件は保護を受給しているにもかかわらず、土建業を営み、自動車12台を保有し、アパートも経営していたという不正受給ケースである。
19) 澤口恵一「石炭産業の衰退と漸次的撤退の戦略―常磐炭田の事例から―」『大正大学研究紀要』第96輯、2011
常磐炭鉱は廃坑後の地域再生策として、映画『フラガール』で有名なレジャー施設を建設し地域活性化につなげた。
20) 福岡県立大学附属研究所『生活保護自立阻害要因の研究―福岡県田川地区生活保護廃止台帳の分析から―』受託研究「田川郡における被保護者の自立阻害要因に係る分析」報告書(代表 清田勝彦)、2008
21) 前掲書20)、pp.51-59
22) 前掲書20)、pp.197-200
23) 道中隆『生活保護と日本型ワーキングプア―貧困の固定化と世代間継承―』ミネルヴァ書房、2009、pp.60-61
本書は要保護層の貧困の実態について、大阪府下のある自治体の生活保護を受給している3,924ケース中ランダムに390ケースを抽出し、多面的調査と緻密な分析により論じた労作である。
24) 前掲書20)、pp.109-123
25) 前掲書23)、pp.59-61
26) 前掲書20)、pp.126-130
27) 青木紀「貧困の世代的再生産の構造(2):B市における実態」『北海道大学大学院教育学研究科紀要』No.89、2003、p.211
なお青木は「貧困の世代的再生産の分析の視点」『教育福祉研究9』北海道大学大学院教育学研究科・教育福祉論分野、2003、p.4 で生活保護受給世帯あるいは貧困低所得層の生活史分析の積み重ねが貧困の世代的再生産分析には重要であるとしている。
28) 青木紀「貧困の世代的再生産の影響に関するノート:アメリカにおける貧困研究の一端から」『教育福祉研究7』北海道大学大学院教育学研究科・教育福祉論分野、2001、p.89
29) 西原尚之「子どもの貧困とソーシャルワーク」『ソーシャルワーク学会誌』No.21、2011、p.45
西原は筑豊のフリースクールにおけるスーパーヴィジョン実践事例をもとに、貧困児童への補償教育の必要性と地域支援ネットワークの重要性を論じている。
30) 本田良一『ルポ 生活保護―貧困をなくす新たな取り組み―』中公新書、2010、p.170

【参考文献】
・厚生省社会局保護課編『生活保護三十年史』社会福祉調査会、1981
・北九州市保健福祉局社会部保護課編『軌跡―北九州市生活保護の30年―』北九州市社会福祉協議会、1996
・青木紀『現代日本の「見えない」貧困―生活保護受給母子世帯の現実―』明石書店、2003

第5章 ホームレス問題の歴史・現状・課題

■はじめに■

　わが国では1990年代半ば頃からホームレス問題が深刻化した。本章ではこのホームレス問題について、これまで発表された関連文献、資料等をふまえて、その全体像の把握につとめたい。まず明治期から現在に至るホームレス問題の歴史的推移を、とくに東京と神戸を対比させて辿り、次に全国調査結果と神戸市調査結果を基にホームレス問題の実態を概観し、そして生活保護行政がこのホームレス問題にこれまでどう対応し、最近ではどう変化しているかを検討する。さらに2002（平成14）年に成立したホームレス自立支援法についてふれ、次に各自治体のホームレス問題の取り組みについて、とくに神戸市と北九州市の自立支援計画を対比させて論じ、最後にホームレス問題の今後の課題について論じたい。

I　ホームレス問題の歴史

1．ホームレスとは

　ホームレスとは「都市公園、河川、道路、駅舎その他の施設を故なく起居の場とし、日常生活を営んでいる者」と法的に定義されている（「ホームレスの自立の支援等に関する特別措置法」）。この定義はホームレスを居住の不安定な人たち、すなわち「ホームレス状態（homelessness）」として包括的に捉える先進ヨーロッパ諸国に比べ、かなり限定した対象規定となっている[1]。なおこの法律により、「野宿者」「路上生活者」「住所不定者」等々の用語が「ホームレス」という用語に統一された。

　さてわが国ではバブルが崩壊した1992（平成4）年以降、失業問題の深刻化とともに、ホームレス問題が顕在化した。駅や公園、河川敷などでダンボールハウスやビニールテント暮らしの人たちが急増したのである。こうした人たちは「野宿者」等とよばれ、市民生活から隔絶した生活様式により社会的に排除されてきた。

　彼らが路上生活に至る経路は多様であるが、概していえば、職を失い定期的な就労収入がなくなり、住居を失い日常的な生活場所がなくなり、またこれらの過程で家族を失い、妻子との交流がなくなっている。もちろん結婚せずに単身で生活してきた人も多い。こうして職業、住居、家族を喪失して路上生活に至るケースがホームレスの一般的なパターンである。それもいきなり路上生活に入るのではなく、それまで住んでいた住居を家賃滞納などで追い出され、簡易宿泊所（安宿・木賃宿、通称ドヤ）が密集しているドヤ街とよばれる地域に来て、当面は安宿等に宿泊するも、手持ち金もなくなり、あるいは日雇い収入もなく、駅や公園、河川敷などでのダンボールハウスやビニールテントの生活に入っていくのである。これらの人たちの日々の生活は、ダンボールやアルミ缶の収集による生活費かせぎ、もっと安定した職を求めての求職活動、そして

その日の食事探しに明け暮れる。ダンボールやアルミ缶は大量に収集して業者に持っていっても、さほどの金額にはならない。求職活動も住居がなく、身元保証人も得られない状況にあっては、ハローワークなどで安定した職を紹介してもらうことは困難である。食事は繁華街のスナックや居酒屋の残飯あさり、コンビニの期限切れで捨てられる弁当などであるが、これも路上生活の競争仲間が多数いるため、獲得が容易ではない。また一方で病気持ちの人が多く、冬期には極度の寒さの中で凍死する人が多い。このように野宿者の日々の生活は、「飢餓と死」のまさに紙一重の状況におかれているのである。

2．ホームレス問題の歴史的推移

　明治期から現代に至るまでの東京を中心とするホームレス問題の歴史を、明治以降急速に都市化した神戸のそれと対比させながら概観してみよう。

　近代社会において居住の不安定な貧民が出現してくるのは、東京では明治後期から大正期にかけてである。資本主義の発展に伴い、農村から多数の労働者が大都市に流入し、不安定就業の労働者は居住も安定しないまま、狭小住宅が密集し衛生状態も悪い地域、いわゆる貧民窟とよばれるスラム地区に住みつくことになる。そこは貧民の集住する地域である。生活の本拠地が不安定であり、家庭生活を営むことのない人たちは「不定居的細民」とよばれた。その代表例は木賃宿に宿泊する不規則労働の人夫、艀（はしけ）での労働に従事する水上生活者、そして不規則な労働さえも不可能な浮浪者の3種類であった[2]。当時、すでに救貧対策として「恤救規則」が施行（1874年）されていたが、彼らは戸籍要件により救済から除外された。そのために病気になり、警察が認定したときにだけ救済される「行旅病人及行旅死亡人取扱法」による対象が主であった。

　この時期、新興都市の港町神戸では、すでに明治10年代に港湾近くの新生田川や川崎浜（現在の神戸市中央区・兵庫区の一部地域）に簡易宿泊所や木賃宿が多数建設されていた。明治30年代初頭には木賃宿の集中移転地域として、兵庫県は新川や番町（現在の中央・長田区の一部地域）地区を指定した。また

1913（大正2）年には無料職業紹介所が開設され、1921（大正10）年には住居のない労働者に市営の共同宿泊所が2ヶ所建設された[3]。

　昭和期になると、東京では不況の深刻化により、木賃宿にも宿泊できず公園や河川敷で寝泊りする浮浪者が急増した。これには失業問題が深く関連しているという社会的認識により、浮浪者に代わり「ルンペン」という用語が使用されたりした。そしてこの「ルンペン」問題の拡大は、それまでの貧民の集住地域であったスラム地区を拡散させることになった[4]。なお当時、救護法が施行（1934年）されていたが、「ルンペン」は失業による稼動年齢者であるために除外された。そのために主として警察による治安対策の対象となった。

　この時期、神戸では浮浪者が303人（県社会課1931年調査）存在することが調査報告されている。そのため市では1932（昭和7）年に無料の宿泊所を2ヶ所開設（あわせて200人規模）し、労働能力のある困窮者に対応した[5]。またすでに1924（大正13）年には窮民保護のための救護施設が開設されている。

　戦後、わが国は生活保護法の制定（旧法：1946年・新法：1950年）により国民の最低生活を保障することになったが、これは居住の安定している貧困な人たちが基本的対象であって、居住の不安定な「不定住的貧困」（岩田正美、1995年）の人たちは実質的に対象外とされた。戦後間もなく大都市では、こうした人たちに対し「浮浪者狩り」を行い、生活保護法による保護施設に入所させるが、そこはまさに浮浪者収容所であり、最低の食と寝場所が与えられるだけであった。その後、この「不定住的貧困」の人たちの中でも、とくに病気や障害により労働することが困難な人たちに対して、「保護施設取扱指針」（厚生省、1957年）等の通知により、養護や補導などの専門的処遇を行う保護施設へ入所させることが基本方針となっていく。そして大阪市やこれにならって東京都では更生相談所といった専門機関を設け、保護施設への入所が妥当であるかどうかの鑑別を行うようになった（東京都では後に廃止）。このような保護施設の労働不能な人への施設特化は、以降「不定住的貧困」全般の生活保護制度の対応を困難にしていった[6]。なお保護施設入所という基本方針のほかに、宿所提供施設での宿泊保護、入院を要する者の入院保護、そして法外援護として

の交通費支給やパン券などの支給がある。しかしこうした対応は自治体により異なっていた。

　一方、戦後間もなくの神戸では、1,240人（市警務課1949年調査）の浮浪者が確認されている。その多くは港湾労働者であり、これらの人たちに対し市では、昭和20年代初めに8ヶ所の市営の簡易宿泊所（945名収容定員）を整備した。さらに一時保護所も開設した。これらは昭和20年代半ばには生活保護法による更生施設として新たに発足した。そしてこの頃になると戦後の混乱も収束し、市内の浮浪者も漸減した。そのため昭和30年代の初めには、更生施設の多くが簡易宿泊所に転換した。しかし高度経済成長の時代になっても、炭鉱閉山などにより流入してくる住所不定の生活困窮者や失業者が多かった。そこで市は1960（昭和35）年に、更生施設と一時保護所の一体的運営を図るべく「浮浪者等取扱指針」を定めた。指針によれば相談に来た「不定住的貧困」の人について、生活歴や健康状況、本人希望を聴取した上で鑑別を行う。その種別は、帰郷のための移送費（旅費）支給、一時宿泊所や無料宿泊所への入所、更生施設への入所、嘱託医診断により入院を必要とする者の病院入院というものである。この指針は以降、ずっと機能し続ける[7]。そして1981（昭和56）年に市は、住所不定者対策の施設体系として、一時宿泊施設としての更生援護相談所、更生施設としての更生センター、2ヶ所の市営簡易宿泊施設を整備した。更生援護相談所では鑑別を行い、その結果、労働不能な人は更生センターや病院に入所・入院し、労働可能な人は更生援護相談所の一時宿泊施設、簡易宿泊施設への入所となった。

　さて、わが国において大阪の釜ヶ崎、東京の山谷、横浜の寿町などに代表されるドヤ街は、多数の「住所不定者」（「不定住的貧困」の人たち）を集める「寄せ場」として機能してきた。「寄せ場」とは日雇い労働者の集住の場である。そこはまた、手配師とよばれる日雇い労働の紹介者たちが暗躍する場でもある。手配師は健康そうな労働者をかき集めて、土木建設現場に彼らをマイクロバスで連れて行き、きつい労働に従事させ、そのあげく就労賃金の一部を搾取（ピンハネ）したりする。このように「寄せ場」は日雇い労働の市場である。手配

師をつうじて仕事にありつくことのできる健康な労働者にとって、「寄せ場」はドヤ（簡易宿泊所）宿泊と当座の生活を提供する場である。ところがこのような「寄せ場」の労働市場機能が、高度経済成長後のオイルショックを経ると急速に弱体化した。それは労働現場の機械化やコンテナ化、作業内容の合理化、あるいはスポーツ新聞等、求人経路のオープン化などによるものであった[8]。

こうして「不定住的貧困」の住所不定者は、生活保護の適用対象からの除外、「寄せ場」労働市場の機能弱体化を背景にして、1992（平成4）年のバブル崩壊とその後の大失業時代の到来によって、一部の大都市から全国の主要都市に一気に拡散し、その結果、ホームレス問題が大きくクローズアップされてきたのである。

II　ホームレス問題の実態

国は2003（平成15）年1～2月にかけて、すべての市町村を対象に統一した調査方法による全国調査（以下「ホームレス実態調査」）を実施した[9]。それによると全国のホームレス数は2万5,296人（前回の2001年調査では2万4,090人）であり、指定都市別では大阪市6,603人（同8,660人）、東京都23区6,174人（同5,712人）、名古屋市1,788人（同1,318人）、川崎市829人（同901人）、京都市624人（同492人）、福岡市607人（同341人）、横浜市470人（同602人）、北九州市421人（同197人）、神戸市323人（同341人）の順となっている。また中核市別では宇都宮市66人（同79人）、新潟市52人（同35人）、横須賀市44人（同0人）、金沢市22人（同46人）、旭川市21人（同0人）の順となっている。この調査結果により、数的ばらつきはあるもののホームレスが全国的に拡大していることが確認された。

次にホームレスの生活実態について、全国および神戸市の調査結果[10]から見てみよう。年齢分布では50～60歳代が全体の76.2％（神戸市調査70.0％）、平均年齢は55.9歳（同57.0歳）であり中高年層が主体となっている。野宿生活の状

況では生活場所について「公園」40.8％（同65.0％）、「河川敷」23.3％（同15.5％）となっている。直近のホームレスになってからの期間では、「1年未満」30.7％（同28.3％）、「1年以上3年未満」25.6％（同41.7％）であり、3年未満が全国では6割弱、神戸市では7割である。仕事と収入の状況では、64.7％（同85.0％）が仕事をしており、その主な内訳は「廃品回収」73.3％（同90.2％）である。また平均的収入月額は全国では「1万円以上3万円未満」が35.2％と最も多い。一方神戸市では「1万円未満」25.0％、「1万円以上3万円未満」「3万円以上5万円未満」「5万円以上10万円未満」ともに18.9％とばらつきがある。

　路上生活までの経緯では、直前の職業は「建設関係」が55.2％（神戸市調査55.0％）、「製造業関係」が10.5％（同13.3％）であり、その雇用形態は「常勤職員・従業員（正社員）」39.8％（同50.0％）、「日雇い」36.1％（同30.0％）となっていて、常勤職員から直接ホームレスになる人が全国では4割、神戸市では5割である。そして路上生活に至った理由として「仕事が減った」35.6％（同38.3％）、「倒産・失業」32.9％（同21.7％）、「高齢、病気で仕事ができなくなった」18.8％（同16.7％）の順となっていて、全国および神戸市でもバブル崩壊後の深刻な不況の影響をみることができる。

　健康状態と福祉制度等の利用状況では、「身体不調の訴え」47.4％（神戸市調査30.0％）で、このうち「治療等を受けていない」68.4％（同72.2％）となっていて、病気を持ちながら放置している人が多いことがわかる。また福祉制度等の利用では「これまで福祉事務所に行ったことがある」33.1％（同23.3％）、「緊急的な一時宿泊所であるシェルターの利用希望」38.7％（同11.7％）、「自立支援センターの利用希望」38.9％（同15.0％）、「これまでに生活保護を受給したことがある」24.5％（同16.7％）となっている。神戸市と若干の差異があるが、全国では自立支援センター利用希望が4割の多さである。また全国では福祉事務所に3人に1人が行っており、生活保護も4人に1人が受給していたことになる。

　自立についての調査では「きちんと就職して働きたい」49.7％（神戸市調査33.3％）と全国では半数の人が、神戸市では3人に1人が就労自立を希望して

いる。一方「今のままでいい」という人が13.1%（同15.0%）という数字になっている。

生活歴では、「結婚していた」53.4%（神戸市調査56.7%）と半数以上が家庭を持っていたことになる。他方で「この一年間、家族・親族との連絡が途絶えている」77.1%（同76.7%）と8割近くが親族関係と音信不通になっている。

以上が調査結果からみた全国および神戸市のホームレスの実態である。

III 生活保護行政の対応とホームレス自立支援法

1．生活保護行政の対応

生活保護法は生活に困窮する国民すべての最低生活保障を目的とする。したがって住所の不安定なホームレスであっても当然、保護対象となる。法的に「居住地保護」のみならず「現在地保護」も規定されているからである（同法第19条）。しかしこれまでの生活保護行政はホームレスの人たちを制限、もしくは排除してきた。それはホームレスといえども資力調査を徹底し、労働能力の有無についても厳密に判定することが命題とされたことや、他方で実施機関として、定住性のない人を保護適用することは困難であるという理由からであった。こうしたことから生活保護の対象は、あくまでも住居のある生活困窮者とされた。そして住居のない、いわゆるホームレスについては、前述のように障害や病気により労働能力を失った人だけを対象に、保護施設に入所させたり、病院に入院させたりして保護の適用を行った。他方で労働能力のあるホームレスは、ずっと制限・排除され、それぞれの自治体の裁量により法外援助として、交通費支給やパン券等々の支給が行われてきた。またこれも前述のように東京、大阪、神戸などの大都市ではホームレス対応の専門機関として更生相談所を設置した。さらにホームレスの多い地域の実施機関（福祉事務所）では、専任のケースワーカーを配置して対応した。

しかし1990年代のホームレスの全国的な増大と拡大は、それまで自治体が行ってきた「住所不定者」対応の維持・存続を困難にした。とくに相次ぐ「ホームレス訴訟」とよばれる提訴事例が、国や実施機関に大きなインパクトを与えることになった。ここでこれらの代表的な事例を紹介してみよう[11]。まず「柳園訴訟」である。この事例は住所のない日雇い労働者である柳園氏が、糖尿病、肝硬変のため入院中であったが、白内障治療のために他の病院に転院した。そして治療が終わり、元の病院に戻ろうとしたが満床であったため、やむなく知人宅に身を寄せて通院治療をしようとした。ところが実施機関は「傷病治癒」という理由で保護廃止の処分を行った。そこで損害賠償を求めて京都地裁に提訴したものである（1993年10月25日、京都地裁にて原告勝訴確定）。次いで「林訴訟」である。この事例は日雇い労働者であった林氏が、失業と両足の痙攣などにより、収入がなくなり、そのため野宿をすることになり、やむなく生活保護の申請を行ったところ、実施機関は生活扶助や住宅扶助を支給せず、1日だけの医療扶助しか認めないまま保護廃止処分を行った。そこでこの処分の取り消しと損害賠償を求めて提訴したものである（1996年10月30日、名古屋地裁にて原告勝訴、1997年8月8日、名古屋高裁にて原告敗訴、2001年2月13日、最高裁にて原告敗訴）。そして「佐藤訴訟」である。この事例は野宿をしていた難聴の佐藤氏が、生活保護の申請をしたが2回とも施設入所しか認められず、その施設では難聴のために集団生活に溶け込めず、やむなく退所に至った。そこで3度目の保護申請において居宅保護を求めたが認められなかった。そのため実施機関が行った施設入所処分の取り消しを求めて提訴したものである（2002年3月22日、大阪地裁にて原告勝訴、2003年10月23日、大阪高裁にて原告勝訴確定）。これら代表的事例の訴訟経過および結果は、これまでの国や自治体、そして実施機関のホームレス対応に大きな転換を迫ることになった。

こうした中で厚生省（現：厚生労働省）は、「柳園訴訟」直後の1994（平成6）年に「生活保護主管課長会議」でホームレス問題について初めてふれ、保護廃止時の調査確認の徹底を指示した[12]。その後、1999（平成11）年にはホームレスについて、労働能力活用の要件確認徹底を指示している[13]。2001（平成13

年には内容が具体化し、経済的に自立可能であれば後述の「自立支援センター」へ、精神的・身体的に自立困難であれば保護施設への入所を中心に考えるように指示している[14]。2002（平成14）年には、ホームレスの保護適用について労働能力や資産活用などの要件を満たした上で、適正な手続きに従って適用すべきことを指示している[15]。

　こうした厚生労働省の指示を受けて、さらには急増するホームレスの窓口対応、ホームレス支援団体の要求、相次ぐ審査請求事案等々により、実施機関である福祉事務所も居住地のないホームレスに対し、保護を適用せず、病気で入院した場合にだけ「入院中のみの保護」適用という旧来の「行政慣行」から脱却していくことになった。例えば神戸市の福祉事務所においても従来、ドヤ（安宿・簡易宿泊所）保護は通例、1週間以上の居住実績が申請受理要件であったものが3日になり、さらに当日からの居住であっても、労働能力や資産の活用要件を満たしていれば申請受理、保護適用となった。こうしてホームレス対応の「行政慣行」が崩れていった。

　そしてついに厚生労働省は、2003（平成15）年7月31日に「ホームレスに対する生活保護の適用について」を通知し、その中で「保護開始時において居宅生活が可能と認められた者」に対して、住宅確保のために敷金が必要な場合には、敷金支給を認めても差し支えないとする方針を出した。こうしてホームレスに対する居宅保護への途が大きく開かれたのである。

2．ホームレス自立支援法の成立

　不況の深刻化とともにホームレスが急増する1990年代後半以降、この問題に対する国や自治体の取り組みが活発化し、矢継ぎ早に報告書が発表された。そしてこれらはホームレス特別立法の制定を促した。

　1999（平成11）年5月には「ホームレス問題に対する当面の対応策について」（国・自治体構成「ホームレス問題連絡会議」）が発表された。そこではホームレスを3つのタイプに分類し、その対応策を示した。すなわち、①勤労意欲は

あるが仕事がなく、失業状態にある者（タイプ1）には、就労による自立支援、②医療・福祉等の援助が必要な者（タイプ2）には、福祉等の援護による自立支援、③社会生活を拒否する者（タイプ3）には、社会的自立を支援しつつ公園等から退去指導を行う。この分類により、以降のホームレス対応策は、タイプ1を主体としてすすめられていった。なおタイプ3の対応策は社会的排除という観点から問題視された。

　2000（平成12）年3月には「ホームレスの自立支援方策について」（厚生省「ホームレスの自立支援方策に関する研究会」）が発表された。そこでは「ホームレスに対する自立支援は、ホームレス自身が地域社会の一員として社会生活が送れるようにすることが基本であり、ホームレスのニーズに応じた施策の推進が必要」であるとした。そして、①総合的相談、支援体制の確立、②保健医療対策等の一層の充実、③社会福祉施設への入所等の既存施設での対応と生活保護制度の適切な運用、④宿所提供施設の拡充と多様な居住場所の確保、⑤行政、NPO、地元自治会等を含めた地域全体支援の体制や仕組みづくりを自立支援の課題としている。また報告書では「自立支援センター」の設置を提案した。そこでは就労意欲・労働能力を持つ者を対象に、宿所・食事の提供、健康診断、生活相談・指導および職業相談・斡旋を行うとした。そしてこの提案に基づき、ホームレスの多い大都市では、前述のタイプ1対応の「自立支援センター」が設置された。

　2000（平成12）年12月には「社会的な援護を要する人々に対する社会福祉のあり方に関する検討会」報告書（厚生省）が発表された。そこでは「つながり」の再構築、政策目標としての「ソーシャル・インクルージョン」が基本的な考え方とされ、ホームレス問題についても言及している。すなわち「住まいの確保」を最優先課題とし、一時避難所や「自立支援センター」の確保・提供が必要であるとした。そしてホームレス総合対策の特別立法について提案した。

　これらの経過を経て、2002（平成14）年7月に「ホームレスの自立の支援等に関する特別措置法」（以下「ホームレス自立支援法」）が成立した。この法律は10年の時限立法であり（その後15年に延長）、施行後5年を目途として法令

や基本方針等の見直しを行うことが定められた（同法附則）。この法律では自立支援に関する施策は「自立の意思があるホームレス」を対象に行うことを定めた（同法第1条）。これは前述のタイプ1に特化した対象規定といえる。そして施策の目標として、①安定した雇用の場の確保、②職業能力の開発等による就業の機会の確保、③住宅への入居の支援等による安定した居住場所の確保、④健康診断、医療の確保、⑤生活に関する相談および指導の実施を挙げている（同法第3条）。また国と地方公共団体の責務についても定め、国は「ホームレス自立支援法」に基づいて自立支援に関する「基本方針」を策定する義務があるとした（同第法8条）。一方、都道府県は実情に応じた施策を実施する必要があると認められたときには「基本方針」に即して「実施計画」を策定する義務があるとした。そしてその「実施計画」を策定した都道府県区域内の市町村（特別区を含む）についても必要と認められたときには「実施計画」の策定の義務があるとした（同法第9条）。さらに民間団体の能力等の活用についても定め、民間団体の果たしている役割の重要性に留意して、それら団体との緊密な連携と、その能力の積極的な活用を図ることとした（同法第12条）。なお、都市公園その他がホームレスの起居の場所となっているために、公共の用に供する施設の適正な利用が妨げられているときには、必要な措置をとる（同法第11条）とし、社会的排除という問題性を含む法規定となっている。そして衆議院厚生労働委員会決議文では、「ホームレス自立支援法」の運用に当たって、この法による自立支援策と生活保護法の運用との密接な連携に配慮して、不当に生活保護法が不適用とならないよう、適正な運用に努めることとした。これはこれまでの国や地方公共団体のホームレス問題に対する生活保護行政の対応について、強く反省を迫る決議内容である。

　この「ホームレス自立支援法」制定後まもなく、2003（平成15）年1月から2月にかけて前述のように「ホームレスの実態に関する全国調査」が実施された。それに基づき国は同年7月に「ホームレスの自立の支援等に関する基本方針」（以下「基本方針」）を策定した。そして地方公共団体においても国の「基本方針」に即して「ホームレスの自立の支援等に関する実施計画」（以下「実

施計画」)が策定された。

Ⅳ　ホームレス自立支援計画と課題

1．神戸市の自立支援計画と課題

　神戸市は2004（平成16）年7月に、「神戸市ホームレスの自立の支援等に関する実施計画」を兵庫県の「実施計画」と調整の上、策定した。

　神戸市では、ホームレス対策の推進体制について特定の部局が担当するのではなく、関係各部局が必要に応じて役割分担を行い、問題・事例ごとに連携・協力しながら対応してきた。そして、すでに2003（平成15）年10月には、関係各部局の協力体制と「実施計画」の円滑な運営を図るために「神戸市ホームレス対策連絡会議」を設置している[16]。なお「自立支援センター」は設置していない。

　ホームレスの現状把握として、1997（平成9）年度から関係各部局の職員100名近くの体制でホームレス一斉調査（目視調査）を実施している[17]。また更生センター職員による巡回相談が随時行われるとともに、2004（平成16）年度からはホームレス巡回相談員（市嘱託職員）2名が配置され、個別の援助活動に当たっている。

　ホームレスに対する自立支援では、次のように分類している[18]。
①　病気や失業等で生活に困窮する者には、更生施設である「更生センター」で生活保護を適用し、生活指導や通院指導、職業相談等を実施する。
②　緊急に入院を要する者には、発病地または入院先を所管する区の福祉事務所において保護を実施する。
③　「更生センター」や入院先で一定期間、生活保護を受け、生活を立て直したが引き続き保護を必要とする者には、本人の生活能力や自立意欲等を評価検討のうえ、必要に応じ敷金等を支給し、居宅での保護移行を実施す

る。
④　「更生センター」併設の「更生援護相談所」において無料一時宿泊、移送（旅費の現物支給）、医療相談等の援護を実施する。
⑤　低所得勤労者のための一時的な生活場所として簡易宿泊施設（市社協に運営委託）を活用する。

　これらの分類について検討してみよう。①は従来、病気や障害のため労働能力のないタイプ2が主たる対象であったが、近年の大失業社会を反映し、労働能力のあるタイプ1をも対象とするようになった。なおこれは「自立支援センター」を設置していないという事情にもよる。②は従来、ともすれば各福祉事務所で行旅病人ケースとして、「入院中のみの保護」「退院即廃止」の「行政慣行」として対応してきたものである。③は居宅保護への移行として、2000（平成12）年から取り組まれているもので、本人の状況をよく観察した上で、市営住宅や民間賃貸住宅入居の敷金支給をする。この場合、タイプ1ないし2が対象となる。なお2003（平成15）年度の「更生センター」統計では、87名の更生センター退所者中、3割弱の25名が敷金支給による居宅保護移行となっている[19]。④は主としてタイプ3が対象となる。そして医療相談により病気治療が必要となればタイプ2となり、①や②、さらには③の分類に入っていく。

　このように神戸市ではホームレスの自立支援の方法を行政主導で整備している。しかし、ホームレスへのアウトリーチによる早期発見・早期対応、ホームレスの抱える多種多様な問題への対応といったことを考えると、行政主導、行政関係職員の対応ではおのずから限界がある。「ホームレス自立支援法」12条に規定されているように、民間団体との積極的な連携、パートナー関係の形成が重要となる。民間のホームレス支援団体がこれまで蓄積してきた支援方法、ノウハウの積極的な活用とともに、協働関係をつうじて有効な社会資源を創出することが求められる。そしてこうした行政と民間支援団体との相互の批判的協力関係の中で、さらには市民団体を巻き込む動きの中で、ホームレス自立支援はダイナミックな進展を示していくのではないだろうか。その意味で、次に述べる北九州市の自立支援のあり方は示唆を与えてくれる。

2．北九州市の自立支援計画と課題

　北九州市は2004（平成16）年3月に「北九州市ホームレス自立支援実施計画」を福岡県の実施計画と調整して策定した。この「実施計画」策定にあたっては、地域住民組織、NPO等の市民団体、学識経験者等の呼びかけによる市民集会の開催（「北九州市におけるホームレス問題の抜本的解決を求める市民集会」2003年7月）とそこで採択された要望書をふまえたものとなっている。北九州市は「実施計画」の「基本的な考え方」として、以下の3点を挙げている[20]。

① 北九州市のホームレスの特徴として、仕事をして自立したいとする自立意欲のある者が多い実態（全国約7割、北九州市約8割）を踏まえること。
② 地域の状況として、都心部の公園等の公共施設の適正利用が妨げられ、周辺住民との軋轢が生じており、ホームレス問題の解決は緊急課題であること。
③ 施策推進の視点として、ホームレスは行政だけで対応するのではなく、地域社会全体で取り組む課題であるとの認識の下、市民・地域団体・NPO等の民間団体の理解と協力、参加を得て施策を推進すること。

　そしてこれらの「基本的な考え方」に対応する「実施計画」の取り組みの柱と主な内容は次のとおりである[21]。

　①に対応して、就労による自立を支援する施設「自立支援センター」の設置を中心として、個々のホームレス自立支援施策を推進する。すなわち（イ）総合的な相談・援助体制の構築として、a）「ホームレス自立支援推進協議会」の設置（行政・社協・NPO・地域団体等から構成）によるホームレス問題に関する協議・調整、「自立支援センター」等と連携した自立支援事業の推進、b）巡回相談指導員（「自立支援センター」職員4名）によるホームレスに対する面接・実態把握・生活相談・「自立支援センター」入所案内助言等の巡回相談指導事業の実施、（ロ）ホームレスの就労自立を支援する「自立支援センター」の設置（定員50人・入所期間6ヶ月以内）による自立支援事業の実施、としている。

こうした自立支援施策の一方で、②に対応して、公共施設の適正な利用の確保として、公園等管理指導員を配置して巡視活動を実施するとした。
　そして、③に対応して、地域で支えあう施策の充実として、ホームレスの自立を市民・地域団体・NPO等の民間団体との連携促進、NPO等の民間団体の能力の積極的活用により地域全体で対応するとした。
　以上が北九州市の「実施計画」の概要である。その基本的方向は労働能力もあり、勤労意欲もあるタイプ1のホームレスを対象としている。そして就労自立を目的として設置された「自立支援センター」は市社協に運営委託され、そこの実際の職員体制は市社協（施設長・次長・事務員2名）、ハローワーク（職業相談員2名）、NPOホームレス支援機構（生活指導相談員5名）からの出向職員構成となっている。ここではNPOとの連携やそこの専門スタッフの活用が図られている。ちなみに「自立支援センター」の第1期入所者50名中、6割の30名が就労自立により退所している[22]。また地域全体で支えあうことについて、北九州市では当初、行政とホームレス支援団体（現在のNPOホームレス支援機構）とは厳しく対立していた。しかしホームレス支援団体の1988（昭和63）年からの支援活動実績、および実際活動についての市民理解の深まりをつうじて、対立から批判的協力関係に移行した経緯がある。
　なお、市民集会は市民協議会（「北九州市におけるホームレス問題解決のための市民協議会」2003年）に発展し、2005（平成17）年1月に「今後の北九州市におけるホームレス自立支援に関する提言」を行った。そこでは炊き出しから自立支援、野宿の防止に至るトータルなサポートの視点に立った公民協働の施策の確立とそれに応じた「自立支援センター」機能の拡充を求めている[23]。またホームレスを生まない社会づくりを目的とした「自立サポートセンター」の開設を提言している。
　このように北九州市のホームレス自立支援のあり方は、長年のホームレス支援団体のノウハウの有効活用、市民協議会からの提言など、市民活動を巻き込んだ公民協働の支援モデルを提示している。しかし他方では市当局の生活保護「適正化」政策による低保護率体制（2003年度時点で13.0‰と、バブル崩壊以

降あまり変動していない)が強固に維持・存続している事実を看過してはならない。厳しい生活保護行政の代償としての自立支援策であってはならない。自立支援策と生活保護行政との有効適切な連携体制のあり方が問われる。

V　ホームレス対策の今後の課題

1.「半福祉・半就労」と「社会的つながり」

　これまでホームレス問題の現状や対策について述べてきた。国や地方公共団体の対策は、労働能力もあり、自立意欲もあるタイプ1のホームレスを基本対象とし、自立支援センターへの入所等による就労自立を基本目的としている。そこでは病気や障害のために就労自立が覚束ないタイプ2、あるいは自立意欲もなく、社会生活を拒否するタイプ3のホームレス対応は第二義視されている。しかしタイプ1の人も長期化すれば、タイプ2や3に転化することは明白なことである。また自立支援センター入所から就労自立という直線的な自立支援の処遇ルートに乗っても、そこから脱落するタイプ1の人も多い。したがって、タイプ2や3も並列的に視野に入れた自立支援策の拡充が必要である。そのためには「自立」という概念を就労自立に限定するのではなく、もっと広い概念で捉える必要がある。そこでは「半福祉・半就労」モデルの視点や「社会的つながり」構築の視点が求められる。

　「半福祉・半就労」モデルとは、保護施設や福祉住宅に入所しながら、生活保護の適用も受けつつ、労働の喜びを味わえる軽作業に従事するような形態である。生活保護の適切な運用、小規模の保護施設やグループホーム、そこでの職業訓練や生活技術訓練、そして適当な雇用先の確保など、福祉政策、住宅政策、雇用政策が一体となった柔軟な対応が重要となる[24]。

　また「社会的つながり」の構築とは、家族はもとより親族や友人関係から孤立・絶縁し、社会からも孤絶しているホームレスの人たちに、関係性の回復や

新たな関係性の構築のために、息の長い対人援助を継続していくことである[25]。そこではセルフヘルプグループづくりの積極的な支援なども大切となる。こうした関わりはホームレスの人たちに、人間性の回復と生きる意欲をもたらすことになる。そして「半福祉・半就労」モデルにしても「社会的つながり」構築の関わりにしても、行政主導の対応ではおのずから限界がある。むしろ民間のホームレス支援団体による開発資源、蓄積ノウハウ、援助技術の活用などが必要不可欠となる。したがって北九州市のような公民協働モデルによる対応が参考となる。

2．生活保護制度の適切な運用

　ホームレスの人たちの保護申請の相談に当たっては、その労働能力について心理的・精神的要因を含めた総合的な評価を行うことが重要である。とくにアルコール症等の精神疾患を抱える人が多いことに留意する必要がある。また処遇方針として施設入所のみならず、居宅保護に向けての敷金支給など住宅扶助の積極的な適用が必要である。そして居宅保護のアフターフォローとして、生活保護ワーカーおよび民間支援団体スタッフの協働によるきめ細かな生活技術習得や社会適応促進の働きかけが求められる。ここでホームレスの人たちの自立支援のあり方として「半福祉・半就労」モデルの視点が重要となるのはいうまでもないことである。なお厚生労働省は、処遇方針の具体化のために2005(平成17)年度から「自立支援プログラム」を導入し、その1類型として「元ホームレス等居宅生活支援プログラム」を提示している。そこでは経済的自立のみならず、日常生活自立、社会的自立を自立概念として捉えて支援する方策が採られているが、今後の現場展開が注目されるところである。

3．ホームレスの予防

　ホームレス対策の根本は、なによりもホームレスを生み出さない社会である。

そのためにはホームレスの予防策の整備が重要である。まずはホームレスになることを未然に防ぐために、NPO等の民間団体の協力による公民協働の専門職員配置の相談窓口が、自立支援センターや都心部の救護施設を拠点として設置されることが必要となる。そこでは生活福祉資金貸付や生活保護申請のための福祉事務所、家賃問題や多重債務問題解決のための法律扶助協会、就労先確保のためのハローワーク、あるいは住宅保障のための住宅行政当局等の専門機関と緊密な連携を取り、それらの機関のサービスを有効に受けることができるようにする機能を持つことが重要である。そしてどれだけ生活困窮に陥っても住居を喪失してホームレスにならないように、相談窓口をキーステーションとした関係機関によるネットワークを通じて、アウトリーチ対応による包括的支援を行っていく体制づくりが求められる。

4．ホームレス支援の市民意識の醸成

「炊き出し」などホームレス支援のためのボランティア活動を市民に呼びかけ、ボランティアを育成し、ホームレス問題についての市民理解を深め、行政、支援団体のみならず市民ぐるみの支援活動を行うことが必要である。また小・中・高校の福祉教育においてもホームレス問題を取り上げることが大切である。こうしたことにより、市民がホームレスへの偏見や差別意識をなくし、共生意識を持つようになることが重要である。この意味でホームレス問題は地域福祉の究極的課題ともいえる。

■おわりに■

これまでホームレス問題の歴史、現状、課題について論じてきた。先に述べたように特別立法としてのホームレス自立支援法は10年の時限立法であり（当時）、施行後5年を目途として法令や基本方針等を見直すことが定められた。

見直しの時期までにホームレス自立支援のあり方について十分な検証と論議が必要とされる。その際、適切な生活保護の運用、有効な自立支援センターの運営機能、公民協働による自立支援の推進、その具体的個別支援における「半福祉・半就労」や「社会的つながり」の推進、ホームレスを生み出さない予防策の整備、市民ぐるみのホームレス支援が重要な検討課題となろう。ホームレス問題に対しては、国・自治体・地域・住民の一体的な取り組みが必要である。そして重ねて、ホームレス問題が地域福祉の究極的課題であることを確認したい。

　付記　ホームレス自立支援法は2002（平成14）年8月7日の施行後10年で効力を失う予定であったが、2012（平成24）年に5年間の延長が決定された。

【引用文献・注釈】
1)　①中村健吾「ホームレス問題の輪郭」小玉徹・中村健吾他『欧米のホームレス問題（上）―実態と政策―』法律文化社、2003、p.19、②川上昌子「英国のホームレス重点主義政策に関する考察」同編『日本におけるホームレスの実態』学文社、2005、p.351
　　　イギリスやドイツなどヨーロッパ諸国では野宿者のみならず、知人、友人宅に宿泊する者、何らかの一時的滞在施設に入居する者まで含めて住宅困難者全体をホームレスの概念に含めている。
2)　岩田正美『戦後社会福祉の展開と大都市最底辺』ミネルヴァ書房、1995、p.40
3)　①安保則夫『ミナト神戸　コレラ・ペスト・スラム―社会的差別形成史の研究―』学芸出版社、1989、pp.220-221、②山上勲『神戸市社会事業史』神戸市史編集室、1962、p.19
4)　前掲書2)、p.46
5)　前掲書3)　②、p.21
6)　岩田正美「政策と貧困」岩田正美・西澤晃彦編『貧困と社会的排除―福祉社会を蝕むもの―』ミネルヴァ書房、2005年、p.25
7)　白井勝彦「神戸におけるホームレス対策の歴史について」『福祉ものがたり―私の仕事をとおして―』自費出版、2005、p.33
8)　北川由紀彦「単身男性の貧困と排除」前掲書6)、pp.226-228
9)　厚生労働省「ホームレスの実態に関する全国調査報告書の概要」（2003年3月）
10)　神戸市「神戸市ホームレスの自立の支援策に関する実施計画」（2004年7月）
11)　吉永純「訴訟などにみる生活保護の運用実態」竹下義樹・布川日佐史他『生活保護改革の焦点は何か―誰もが安心して暮らせる日本のために―』あけび書房、2004、pp.61-63
12)　『生活と福祉』No.456、全国社会福祉協議会、1994、p.10
13)　『生活と福祉』No.517、全国社会福祉協議会、1999、p.7

14) 『生活と福祉』No.541、全国社会福祉協議会、2001、p.11
15) 『生活と福祉』No.553、全国社会福祉協議会、2002、p.8
16) 前掲書10)、p.8
17) 前掲書10)、p.9
18) 前掲書10)、p.9
19) 神戸市更生センター・更生相談所「統計資料」2005年
20) 北九州市「九州市ホームレス自立支援実施計画の概要」(2004年)
21) 同上書
22) 『北九州市ホームレス自立支援協議会第4回会議報告』(2005年5月)
23) 山崎克朗「NPO、市民、行政協働システムによるホームレス問題解決の取り組み」『Shelter-less』No.25、新宿ホームレス支援機構、2005、p.7
24) 山田壮志郎「ホームレス対策の3つのアプローチ」『社会福祉学』Vol.44,No.2、日本社会福祉学会、2003、p.29
25) 山田壮志郎「ホームレス状態を脱却した人々の生活状況とホームレス対策の課題」『社会福祉学』Vol.46,No.1 日本社会福祉学会、2005年、p.59

【参考文献】
・青木秀男『現代日本の都市下層―寄せ場と野宿者と外国人労働者―』明石書店、2000
・岩田正美『戦後社会福祉の展開と大都市最底辺』ミネルヴァ書房、1995
・岩田正美『ホームレス／現代社会／福祉国家―「生きていく場所」をめぐって―』明石書店、2000
・岩田正美・西澤晃彦編『貧困と社会的排除―福祉社会を蝕むもの―』ミネルヴァ書房、2005
・岩田正美「ホームレスとしての現代の失業・貧困」社会政策学会編『日雇い労働者・ホームレスと現代日本』御茶の水書房、1999
・岩田正美「要保護層の生活実態と生活保護(2)―ホームレスの生活実態と生活保護行政―」杉村宏編『現代の貧困と公的扶助』放送大学教育振興会、1998
・岩田正美「排除から結びつきまでの長い道のりに向けて」『月刊福祉』2003年11月号、全国社会福祉協議会、2003
・岡部卓「ホームレス問題と自立支援―動向と課題―」『社会福祉研究』通巻第90号記念特大号、鉄道弘済会、2004
・岡部卓「ホームレス問題と福祉サービス」小野哲郎・白沢久一他監、小野哲郎・津田光輝他編『公的扶助と社会福祉サービス』ミネルヴァ書房、1997
・加美嘉史「ホームレス対策の現状」金沢誠一編『公的扶助論』高菅出版、2004
・加美嘉史「ホームレス問題の現状と課題」寺久保光良・日比野正興他編『大失業時代の生活保護法―いのちとくらしをささえる制度と援助への改革にむけて―』かもがわ出版、2002
・川上昌子編『日本におけるホームレスの実態』学文社、2005
・清重知子「アメリカのホームレス問題」『月刊福祉』2004年5月号、全国社会福祉協議会、2004

・小玉徹・中村健吾他編『欧米のホームレス問題（上）―実態と政策―』法律文化社、2003
・白井勝彦『福祉ものがたり―私の仕事をとおして―』自費出版、2005
・中村健吾・中山徹他編『欧米のホームレス問題（下）―支援の実例―』法律文化社、2004
・尾藤廣喜「ホームレス問題と生活保護」尾藤廣喜・木下秀雄他編『生活保護法の挑戦―介護保険・ホームレスの時代を迎えて―』高菅出版、2000
・藤井克彦「ホームレス問題におけるソーシャルワーク的視点と課題」『社会福祉研究』通巻第80号記念特大号、鉄道弘済会、2001
・藤林文男「大都市から地方へと広がるホームレス問題と福祉事務所の役割」『生活と福祉』No.567、全国社会福祉協議会、2003
・布川弘『神戸における都市「下層社会」の形成と構造』兵庫部落問題研究所、1993
・六波羅詩朗「低所得・貧困層へのさまざまな制度対応」岩田正美・岡部卓他編『公的扶助論』ミネルヴァ書房、2003
・山上勲『神戸市社会事業史』神戸市史編集室、1962
・山上勲『港の風雪百年』春秋社、1968
・新修神戸市史編集委員会『新修神戸市史　行政編Ⅱ―くらしと行政―』神戸市、2002
・『神戸市社会調査報告書』近現代資料刊行会、2003
・新宿ホームレス支援機構『Shelter-less』No.21、2004

第6章 初期の公的扶助研究運動と神戸市の自主的研究会活動

■はじめに■

　神戸市では新生活保護法（1950年）の発足当初から自主的研究会活動が活発であり、その活動が初期の公的扶助研究運動の生成と発展に大きく貢献した。また神戸市では全国に先駆けて福祉専門職制度を採用し、そこの職員集団が核になって、自主的研究会活動をさらに発展させていった。

　そしてこの自主的研究会活動は、公的扶助研究運動の全国結成に積極的な役割を担い、神戸市における第3回公的扶助研究全国セミナー（1965年、以下「全国セミナー」）の開催と成功に導くことになった。さらに全国4ヶ所でほぼ同じ時期に開催された地域ブロックセミナーについても、神戸市の自主的研究会組織は第1回公的扶助研究関西ブロックセミナー（1970年、以下「関西ブロックセミナー」）を開催し、成功に導いた。

　本章では第1回全国セミナー（1963年）から第7回全国セミナー（1969年）までの軌跡を追い、そして公的扶助研究運動の地域定着を目指して開催された第1回関西ブロックセミナーまでを公的扶助研究運動の初期と位置づけ、この時期に神戸市の自主的研究会活動がいかに展開したかについて、公的扶助研究

運動の歴史と重ね合わせて論述していく。

I　神戸市の自主的研究会と公的扶助研究運動の萌芽期

1．神戸市における自主的研究会

　1950（昭和25）年5月に「新生活保護法」が制定され、それまで無給の奉仕者である民生委員が担当していた生活保護事務は、有給専任職員である社会福祉主事が担当することになった。そのため同年同月に、この生活保護事務の有給専任職員について「社会福祉主事の設置に関する法律」が制定されることになった。そして翌1951（昭和26）年3月には「社会福祉事業法」（現：社会福祉法）が制定され、福祉事務所とそこで生活保護事務に従事する社会福祉主事についての規定がなされた。

　神戸市では「新生活保護法」制定に伴う「社会福祉主事の設置に関する法律」に基づき、別採用という形で生活保護担当職員が福祉事務所の前身である「民生安定所」要員として採用された。これらの職員は1951（昭和26）年2月から始まった兵庫県主催の3ヶ月間の社会福祉主事認定講習を受講して、社会福祉主事として生活保護事務に従事することになった[1]。

　当時、民生安定所職員は組合組織としては区役所支部に属していたが、業務上は民生局の系列下にあった。そこで民生安定所職員の労働条件の改善や親睦交流のための横断的なつながりが求められ、1952（昭和27）年に「福祉親交会」が自然発生的に生まれた。この「福祉親交会」は民生安定所職員相互間の研究と親睦の組織となり、職員組合が民生支部に統合されるまでの10年間の歴史を持ち、1953（昭和28）年から機関誌「福祉の窓」を発行した。また1955（昭和30）年には自治研の生活保護部会に参加し、阪神間の社会福祉主事とも交流を持つことになった[2]。

2．神戸市の福祉専門職採用制度

　神戸市では全国に先駆けて福祉専門職制度が1956（昭和31）年に導入された。この制度導入には檜前敏彦（ひのくまとしひこ）という人物が大きな貢献をしている。檜前は監査事務局長の職にあった時、福祉専門職の必要性について輪郭像を思い描き、人事委員会事務局長の職に異動して、さらにこの輪郭像が明確になった。とくにこの時期、竹内愛二（当時、関西学院大学教授）が突然、檜前を訪問し福祉行政の現場に福祉系大学出身者を採用すべきことを熱心に説き、その論に強く印象づけられたことがある[3]。

　こうして檜前の貢献により、一般行政職の試験選考とは別立てで福祉系大学出身者の採用枠が作られた。そしてとりあえず試行的に1956（昭和31）年に2名、さらに翌年には4名の社会福祉学専攻の大卒者を採用することになった。さらに檜前が民生局長に就任した1958（昭和33）年には、正式に福祉専門職採用試験が実施され、4名が採用された。そしてこの専門職採用試験は、現在まで続けられている[4]。

　専門職採用の当初、福祉現場での受け入れは必ずしもスムーズではなく、以前からの職員との間に少なからぬ摩擦があった。こうした中、1959（昭和34）年に福祉専門職採用の職員の交流の場として、毎週金曜日に集まって生まれたのが「金曜会」である。この金曜会は生活保護部会、児童部会、施設部会と職種ごとに分かれて学習会を行い、相互研鑽を図り、毎年の新規採用職員をも吸収していくことになった。そこでは座談会、講演会、一泊研修会を開催し、また1960（昭和35）年9月には機関誌『FM通信』を発行した。『FM通信』では各部会での活動報告や会員の福祉論評等を載せ、会員相互の交流と研鑽を発展させた[5]。

　なお神戸市のこのような研究会活動と呼応するかのように、東京はもとより全国各地でいくつかの公的扶助の自主的研究会が創生しつつあった。そしてこうした各地の研究活動が全国セミナーへと結集していくことになった。

Ⅱ 公的扶助研究運動の基礎形成期と神戸市の自主的研究会の関わり

1．第1回全国セミナーの開催

　公的扶助研究運動とは「社会福祉主事の自主的研究団体によるみずからの専門性の向上と身分の確保、公的扶助行政の民主的な運営に資する研究と実践を行うことを目的」(「公的扶助研究全国連絡会規約」1965年)とした研究運動である。

　第1回全国セミナーは、1963(昭和38)年6月20～21日に箱根で開催された。これは東京の社会事業新人会(白沢久一や杉村宏など日本社会事業大学の卒業生を主体とした公的扶助従事者の会)、神奈川県社会福祉主事有志、『生活と福祉』(全国社会福祉協議会)編集部の全国呼びかけと共催によるものであった。当初、このセミナーを企画したメンバーは50人程度を予想していたが、「生活と福祉」の開催案内の掲載により北は盛岡から南は佐賀まで、120名の参加があった[6]。そこでは「公的扶助ケースワークはいかにあるべきか—仲村・岸論争をめぐって—」というテーマの下で、「仲村－岸」論争を素材にして「公的扶助制度と受給者との間で悩み苦しんできた社会福祉主事のあり方を主体的に研究してみよう」という問題意識を基礎として論議が展開された。

　第1回全国セミナーが開催されたこの時期(1963年)は、結核患者や在日韓国・朝鮮人を対象とした保護費抑制のための第一次「適正化」政策(1954～57年)が朝日訴訟の提起(1957年)とともに終了し、第1審(1960年)判決で原告の朝日茂が勝訴し、第2審判決(1963年10月)で敗訴する直前の時期であった。この訴訟により国民皆保険・皆年金、生活保護の改善など、社会保障全般の拡充に大きな影響が及ぶことになり、保護基準の算定方式もマーケット・バスケット方式からエンゲル方式に変更(1961年)となった。一方でこの時期は、日本社会事業大学など福祉系大学の卒業生が福祉事務所に配置される時期でも

あった。

　さて全国セミナー2日目の全体会議で「研究グループ」の組織化が緊急動議され、「研究グループの連絡会をつくり、全国的に手をつなぐ準備をしよう」という確認がなされた[7]。このことにより東京の社会事業新人会の呼びかけで、第1回公的扶助研究全国連絡会「準備会」が1963（昭和38）年11月2日に発足し、その発起人として東京、茨城、千葉、神奈川、三重、神戸から17名が氏名を連ねた。そして公的扶助研究運動の全国組織化を目的に、杉村らを編集責任者として機関誌「公的扶助研究全国連絡会準備会ニュース」（以下「準備会ニュース」）第1号（同年12月10日）が発行された。その巻頭言では「仲間とともに自主的な研究会を各地につくり、民主的な職場、民主的な行政、貧困者の民主的な人間性の確立を目指して、じみな研究と実践を続けよう」と宣言している。

2．神戸市における公的扶助研究運動への関わり

　1963（昭和38）年6月の第1回全国セミナーには、神戸市の金曜会からも10名が参加し、はじめて全国の公的扶助従事者と自主的な会合で、日常の業務についての疑問や希望を語り合った。そして同年9月には「第1回公的扶助研究全国セミナー報告」を赤穂岬の温泉宿舎で1泊セミナーとして開催している。そしてこの報告会記事は「準備会ニュース」第1号（ガリ刷り）に掲載されている。

　さて金曜会の活動は、新規採用職員を吸収していくうちに会が大所帯となったために、会員相互間の意思疎通が薄れがちとなり、一方で運動論を主張する若手会員と先輩会員との摩擦も生じ、停滞していくことになった。機関誌『FM通信』は1963（昭和38）年9月の12号発行を最後とし、施設部会、児童部会、生活保護部会はそれぞれの部会活動に閉じこもり、その中で生活保護部会のみが全国的なつながりを持ち、その活動が残っていった[8]。

　この時期、「準備会ニュース」第3号（1964年1月号）では、神戸市金曜会による市当局への「福祉職係長特別選考制度制定要望書」の全文が転載されて

いる。そしてこの要望書に応答する形で神戸市人事委員会は、1964（昭和39）年2月19日付で「昭和39年度係長昇任選考について」という告示をし、「社会福祉」として選考区分を新設することとした。

また同誌第7号（1964年5月号）では、蕗原孝（当時、神戸市葺合民生安定所長）が巻頭言「自然に生まれる集団の力は強い」として「自然に生まれる集団の統制力は公式の組織よりもはるかに強く、自由で新鮮な意思と力を生み出すエネルギーを秘めている。連絡会の結成に寄せる期待もここにある」[9]と述べ、公的扶助研究全国連絡会への力強いエールを送っている。

さらに同誌第8号（1964年6月号）では、岡崎善海（当時、神戸市民生局保護課）が「地域社会への接近—社会福祉主事に求めるもの—」として、地域社会への接近を常に意図し、行動することが社会福祉主事の姿勢として重要であると述べている。

こうして金曜会の活動は公的扶助研究運動との関わりを通じて、神戸市や阪神間のみならず全国的なつながりに拡大し、しかもその中にあって核的な存在となり、第3回公的扶助研究全国セミナーの開催をも受け持つ立場となった。このような金曜会の活動は単に外向けのみならず、内向けには1961（昭和36）年6月には檜前を迎えて「局長を囲む座談会」、翌1962年（昭和37）年6月には「社会福祉の専門化について」として檜前局長を囲む懇談会を開催している。こうした積み重ねが前述の福祉職係長選考試験制度の創設（1964年）につながり、福祉専門職の昇進ルートとスーパービジョン体制の整備に結びついたといえる。

ちなみに、この福祉専門職昇進ルートについて、すでに民生局長職を退いた檜前は、「復刊FM通信」No.2（1966年2月）で金曜会や福祉専門職者への力強い励ましと戒めを以下のように伝えている。

　　あなた方のグループの中から、一人でも多くの「管理職」を一日も早くお出しください。（中略）民生行政の中に、現実の発言力と責任を持つ立場の人を出さなければ駄目です。福祉課係長試験ルートを、あなた方の手で育成

第6章　初期の公的扶助研究運動と神戸市の自主的研究会活動

して下さい。FMはいまや単なる親睦団体ではないと思う。社会保障や公的福祉サービスに従事する人々の同職者団体として、みずからの進路を、みずからの手で開拓すべき任務と責任を負う団体である。専門職への方向をとると同時に、小児病的偏向や狭量な職人化を戒めなければならないと思います[10]

Ⅲ　公的扶助研究運動の基礎確立期と第3回全国セミナー神戸開催

1．「適正化」政策の胎動と第3回全国セミナー開催に向けて

　第2回全国セミナーは「公的扶助の今日的課題」をテーマに湯河原で1964（昭和39）年6月20〜21日に開催された。北は青森から南は宮崎まで153名の公的扶助従事者や研究者が参加し、神戸市からも13名が参加した。

　この第2回全国セミナーは準備会がはじめて企画・運営し、今後の全国セミナーの方向性を示していく上で重要なセミナーであった。

　セミナーの運営のあり方をめぐって、当初から「自主路線」でいくべきか、「幅広路線」でいくべきかで論議があった。前者は社会事業新人会や京都ケースワーカー協会が主張する路線で、自主的研究会や労働組合の職能別組織により結成され、その性格が行政機関からの独立志向、および研究・組合志向が強いものである。他方、後者は三重県12市社会福祉主事連絡協議会や北海道社会福祉協議会等が主張する路線で、厚生省や地方自治体と親近性を保持し行政当局の後援をも確保して、社会福祉主事が率直に意見交換し研修や交流を図ろうとするものである。そこで準備会はこの2つの路線を対立させるのではなく、同じ現業員としての「共通の広場」をつくることをスローガンにした。そして研究団体による自主的運営という方向を基本に、幅広路線に含まれるプラスの面をも引き出して「共通の広場」として1つの組織につくりあげ、柔軟な運営を図ることにしたのである[11]。

135

さてこの第2回全国セミナーでの来賓挨拶として、厚生省保護課長・土屋三友は以下のように述べ、「適正化」政策の胎動とセミナーの自主的運営のあり方への賛同についてふれている。

 厚生省としても保護の適正化対策というものを重大な問題として取り上げなければならない方向にある。このことはとりもなおさず、ケースワーカーの仕事における対象者の自立助長という面が失われて、味気のない仕事になる可能性を含んでいる。（中略）事実、中央においてもこの種のものを行うことを検討したこともある。しかし自主的なこのような会のほうが、ずっとすぐれて、皆様方のためになることは言う必要のないことと思う[12]

土屋の挨拶にあるように、この時期あたりから第二次「適正化」政策（1964～72年）が進行することになった。石炭から石油へのエネルギー転換政策により、筑豊地方をはじめとする相次ぐ炭鉱閉山、さらに都市の工業労働力創出のための地方から都市への労働力流動化政策により、炭鉱地域や農村地域の疲弊と貧困、および都市出稼ぎ労働者の貧困が、この「適正化」政策の背景にあった。その政策対象は炭鉱離職者や都市出稼ぎ労働者等の稼動年齢層であり、そこでは不正受給を主眼として収入申告審査、検診命令、就労指導が徹底された。その結果、稼動年齢層が大幅に減少し、保護率も17.5‰（1964年）から12.9‰（1972年）に低下した。なおこの時期、保護基準算定方式が格差縮小方式に変更（1965年）している。

第2回全国セミナーの終了アピールは「あらゆる職場で公的扶助の学習会を、あらゆる地域で自主的な研究会と調査活動を、そしてどんな小さな事柄でも実践記録に積み上げよう」というものであった[13]。

神戸市金曜会ではセミナー終了の翌月、7月17日に「公的扶助セミナー報告会」を長田区役所会議室で行っている。また各分散会に参加したメンバー執筆による報告書も作成された。さらに冨部マリ子（当時、長田民生安定所）による「第3回公的扶助セミナーを神戸で開こう」という呼びかけ文も発行された。

第6章　初期の公的扶助研究運動と神戸市の自主的研究会活動

そこで冨部は全国連絡会準備会の方向性について、第1に全国の各組織に準備会の連絡員を置き、その連絡員を通じて、機関誌「準備会ニュース」の固定的な読者（約150部）を拡大し、機関誌充実とともに組織化への基盤を作ること、第2に年1回の全国セミナーを継続して開催することが確認されたことを述べている。さらに第3回セミナーについては、2回まで関東で開催されたことから、次回は関西でという要望が強く、京都、神戸を中心に大阪、その他の地区に呼びかけ、関西での共同の実行委員会を作ることになり、開催地として神戸が強く望まれていると述べている。そして「1回、2回のセミナーの成功に続いて、来年初夏の第3回のセミナーを成功させるために、全国のケースワーカーが神戸で結集できるよう、今から皆さん、力を合わせようではありませんか！」[14]と力強い檄を飛ばしている。

そして「準備会ニュース」第11号（1964年9月号）では、石原浩（当時、神戸葺合民生安定所）が神戸市金曜会を代表して「第3回公的扶助セミナーは神戸で」として来年度のセミナーは、関西地区実行委員会をつくって検討していることを述べ、次ページでは開催日程、場所が載せられ、共通テーマや分散会設定への意見等を準備会や金曜会に寄せてもらいたい旨の告示をしている。

さらに同誌第12号（1964年10月号）では、第3回公的扶助セミナー実行委員会第1回打合せ会報告の内容が掲載されている。①テーマ設定に関すること、②財政の問題について、③他都市への呼びかけについて協議された内容が報告されている。

また前号からガリ刷りよりタイプ印刷に変わった同誌第14号（1964年12月号）では、「第3回公扶研セミナーのテーマ決まる！」として「公的扶助従事者の現状と課題」をテーマとし、①公的扶助従事者と実施要領、②公的扶助従事者と社会資源、③公的扶助従事者と労働条件、④公的扶助従事者と地区住民を討議の柱とすることを掲載している。

2．風圧の中での第3回公的扶助研究全国セミナー神戸開催

　第3回全国セミナーは1965（昭和40）年6月12～13日に神戸市の国民宿舎須磨荘を会場にして開催された。このセミナーは前述の通り保護「適正化」の足音が高くなった時期での開催であった。厚生省は生活保護の監査官を大幅に増員して、保護の適格性を福祉事務所に強く求める情勢にあった。
　セミナー開催の挨拶で当時、全国社会福祉協議会資料部長であった河村定治は以下のように述べた。

　　現業員の誠意ある発言が非常に価値のあるものとなってくる。（中略）このセミナーが政治的意図を持たずに純粋に研究のためにあることは大変意義あるものと思う。われわれの目的は、純粋に社会保障制度確立のため、対象者の幸福のためという崇高な目的が出発であって、この点に関しては終点のない研究の場であることは大変うれしいことである[15]

　これは、セミナーが保護行政の動向に批判的かつ運動論的な姿勢を持つことを暗に戒めた挨拶内容であった。
　また当時の神戸市民生局保護課長の挨拶は、さらに保護行政の動向を反映したものであり、神戸市当局としてはセミナーと明確に一線を画するという宣言内容の挨拶であった。

　　本日おいでいただいております皆様方は公務員の方々が大部分であろうかと存じますが、公務員の立場といたしましては、公的扶助行政の実施に当りましては、あくまでも本省の指示・指導によって行うべきでございまして、みだりに個人の意見をさしはさんで実施するということは出来ないのでございます。しかしながら、我らをとりまく周囲のものは解決を要する点が多々ございまして、その問題は広範多岐でございます。その点については皆様方が別の舞台におきまして自主的に研究を重ねられ、その成果を正当なルール

第6章　初期の公的扶助研究運動と神戸市の自主的研究会活動

を通じて行政の上に生かしていただくことが望ましいことであります。その意味におきまして、この全国公的扶助の研究会が第3回を迎えましたことは、非常に意義のあることであると思います。今、申しましたように自主的な会でございますので、神戸市の行政機関といたしましては、補助その他の物質的援助をいたしておりません。むしろすべきではないと思われますので、その点、皆様方のほうでお含みいただき、ご了承いただきたいと思うのであります」[16]

厳しい保護情勢をふまえて、すでにセミナー開催の直前に発行された『公的扶助研究』第18号（1965年4・5月合併号）では、小倉襄二（当時、同志社大学教授）が「風圧をこえて結束を」という巻頭言を寄せ「ますます風圧はきびしさを加えてきている。公的扶助従事者の仕事とくらしの周辺をみれば風圧のきびしさがひしひしと実感されてくる。（中略）風圧の正体をみきわめ、私たちが強い結束をかためて、この危機－風圧をこえるための力強い集いとして、私たちのセミナーを成功させよう」[17]とセミナーへの期待を述べている。

213名の参加を得て、盛況のうちに閉会した第3回全国セミナーであった。セミナー終了後に発行された『公的扶助研究』第20号（1965年7・8月合併号）では、四日市市福祉事務所の平野泰一が「二十代の若さ、社会正義感と革新的な情熱に満ちた発言、そして賛成の拍手！これがセミナーの印象です」と述べながらも「大都市と地方との格差があらゆる面で年々大きくなっている現在、われわれのセミナーはブチ研、もっときめつければ一部大都市の若手担当員のマスタベーション的放談会に堕してしまう危険すら感じられます」[18]という辛らつな感想を投稿している。大都市と地方の地域格差を勘案したセミナー運営のあり方が求められることになったのである。

また同誌同号では「公的扶助研究会全国連絡会結成される！」という見開きの記事掲載がある。セミナー終了直後の総会において約100名の参加を得て、①経過報告、②規約案、③1965年度活動計画案を討議し、運営委員の選出、常任運営委員選出の方針を承認し、仲村優一を運営委員長に選出して、公的扶助

研究会全国連絡会（略称・公扶研連）が正式に結成されたのである。

そして同誌同号の巻頭言で運営委員長に選出された仲村は「足許を大切にしよう」との見出しで「われわれの日常の仕事のひとつずつが、われわれの住む社会を民主主義化するための試金石であるという意味のことを、かつてシャーロット・トウルはいみじくも言っているではないか。私たちはまず自分の足許を大切にしよう」[19]と訴えている。

さて神戸市当局は、第3回全国セミナー開催の4ヶ月前、1965（昭和40）年2月に民生安定所を区役所の一課として統合するという、いわゆる「大区長制」による職制改革案を提案した。この突然の提案と福祉行政の一般事務化に危機感を覚えた多くの職員は、労働組合である民生支部を中心に各民生安定所で結束し、提案に対する反対運動を盛り上げて実施を阻止した経緯がある[20]。なおセミナー終了の翌月には、長田民生安定所で保護係長が刺傷される事件が生じている。

全国セミナーも成功に収めた中で福祉専門職の職員たちにより、停滞した金曜会活動再興の動きが生じてきた。1965（昭和40）年11月、一泊集会（六甲松風荘）を開催し金曜会の再興を確認しあい、新しい運営委員を選出した。12月には『復刊FM通信』第1号を発行し、「社会福祉における専門職とは」をテーマにして、翌年4月までに3号まで発行された。しかしこのような活動も職員をひとつに結集させることはできず、あらためて新しく「神戸福祉問題研究会」の発足を生み出すことになった。そして機関誌も『NEED』として生まれ変わることになった。なお、これまでの活動が福祉専門職に偏向しがちであったことを反省し、新しい会では会員規約を「福祉行政の民主的発展に賛成する人」とし、公私の福祉従事者に拡大した。しかしこの会も長続きせず2年少々で自然消滅していった。機関誌『NEED』も自然消滅しかけたが、児童相談所や福祉事務所の有志職員の努力により辛うじて発刊が継続された[21]。

なお1960年代後半以降、公的扶助運動に関わってきた職員が、人事異動により配転の憂き目にあう事例が全国的に出現してきた。神戸市でも例外ではなく、第3回全国セミナーの実行委員であった正津房子は福祉事務所から児童相談所

第6章　初期の公的扶助研究運動と神戸市の自主的研究会活動

に異動となった[22]。

Ⅳ　公的扶助研究運動の発展期と第1回関西ブロックセミナー神戸開催

1．第4回～7回全国セミナーとブロックセミナー開催に向けて

　第4回全国セミナーは1966（昭和41）年6月25日～26日に「公的扶助の現実と方向」をテーマに、参加者200名を得て京都（伏見稲荷参集殿）で開催された。公扶研連が結成されて初めてのセミナーであった。しかしこのセミナーでも前回の神戸のセミナーと同様に、大都市と地方の職員意識の地域格差に伴う地方の違和感と批判、参加者の福祉事務所勤務年数3年未満47％、20代67％という経験年数や年齢の偏り、また全国セミナーの継承が図られず「ぐち研」に終始しがちという問題が残された[23]。なお、この年から「現業員白書」が公扶研連より発行された。

　第5回全国セミナーは1967（昭和42）年6月3～4日に伊勢市（神宮会館）で当時、四日市市福祉事務所の平野を事務局長にして、「対象者の現実をめぐって―公的扶助の変遷を考えながら」をテーマに、300名の参加者を得て開催された。平野はいわゆる「幅広路線」による「共通の広場」づくりのための実践の理論化と研究交流を目指していた。このセミナーでは、これまでの4回のセミナーの意義と特徴を総括し今回、明らかにしなければならないことは、①戦後における公的扶助の歴史を学ぶこと、②公的扶助の諸問題がリアルに現れている対象者の現実に学ぶこととしている[24]。これについては『公的扶助研究』第31号（1966年8・9月合併号）での小倉の掲載記事「公的扶助セミナーへの期待―風化現象への抵抗として―」が伏線になっていた。小倉は「セミナー史」のためにもこれまでのセミナーの論点と背景の整理が必要であり、そのことが積み上げにつながること、公的扶助の戦後史の中で風化作用が進行しており、

このような風化を阻止することが必要であることを提起していた[25]。公扶研連運営委員長の仲村は、セミナー開会の挨拶で、機関誌『公的扶助研究』の購読者が500人を超え、1,000人を目標にしていること、セミナーも経験交流から研究交流の段階へとすすみ、さらに朝日訴訟判決の情勢の下で実践活動の交流という大切な時期に来ていることを訴えている[26]。

こうして盛況のうちに閉会した第5回セミナーであったが、行政との良好な関係を目指す「幅広路線」を志向していたにもかかわらず、実行委員たちを待ち受けていたのは配転という現実であった。

なお、セミナー終了直後に開催された第3回公扶研連総会では、「地域ブロックセミナーの開催について」が承認され、全国を北海道、東北、関東、中部、関西、中国、九州の7ブロックに分け、開催可能な地域からブロックセミナーを開催し、それを他の地域の教訓とすることが確認された[27]。

第6回全国セミナーは「公的扶助の現実と方向」をテーマとして、1968（昭和43）年6月15～16日に東京（日本青年館）で参加者300名を得て開催された。この時に開催された全国連絡会総会では、発行部数700部に達するも購読者がその半数にとどまっている機関誌「公的扶助研究」について、ニュースよりも内容の充実をという要望が強くあり、編集充実のために月刊から季刊に変更することが決定された[28]。

第7回全国セミナーは「現代の貧困と福祉事務所の役割」をテーマとして、1969（昭和44）年6月に湯河原で開催された。そこで持たれた第5回公扶研連総会では、都現協（東京都の現業員組合組織）の幹事役員が常任運営委員会の中心メンバーとして選出された。これにより公扶研連が東京を中心に日常的に活動可能な範囲の体制となった。また機関誌「公的扶助研究」が発行部数1,000部、購読者数600名となり、誌面の充実が図られてきたことも報告された[29]。そして前々回の総会で確認された地域ブロックセミナーについても、①地域性、特殊性を生かすセミナー、②地域の組織化に有効なセミナー、③研究会の『核づくり』をすすめるセミナー、④全国セミナーの展望を開くセミナーという4点が目的とねらいとされ、各ブロックでのセミナー開催をすすめることが決定

された[30]。

　こうして公的扶助研究セミナーとしては全国と並行して、各地域のブロックセミナーが開催されるという体制整備が確立していくことになった。

　さて神戸市の自主的研究会はこの頃、停滞気味であったが、『公的扶助研究』第26号（1966年2月号）では、神戸市公的扶助研究会として例会で論議された実施要領の改正意見を投稿している。当時、冷蔵庫をめぐって母子が心中した八尾事件（1966年1月）を反映して、資産活用の項目においては、保護開始時にすでに所有している冷蔵庫については、その必要度合に応じて認めてほしいと要望している。また翌年の同誌第36号（1967年3月号）でも世帯認定や実施責任の項目のほか、冷蔵庫保有についての改正意見を投稿している。また1969～70（昭和44～45）年にかけては、「足許を見つめよう」という声が各所で起こり、事務所単位での『生活と福祉』の読書会、同期の会の研究会、カウンセリング研究会への参加など、分散的かつ散発的な研究活動が展開された[31]。

2．関西ブロックセミナー神戸開催

　公扶研連の決定を受けて翌1970（昭和45）年には、①関西公的扶助セミナー（10月24～25日、参加者152名）、②中部ブロックセミナー（11月28～29日、参加者数不明）③南関東ブロックセミナー（11月28～29日、参加者220名）、④北関東ブロックセミナー（12月5～6日、参加者176名）の4つのブロックセミナーが開催された[32]。

　神戸市公的扶助研究会では、1969（昭和44）年末、公扶研連から関西でのブロックセミナー開催の呼びかけを受けて、京都市、大阪市の関係者と3市の連絡会を持った。ところが自主的研究会を散発的ながらも行っていたのは神戸市だけであった。そこで分散化していた各職場の研究会や小グループの有志が集まって、関西ブロックセミナー実行委員会が結成された。そしてこの実行委員会を基にして、10回に及ぶ3市の連絡会と京都での一泊交流集会（5月・東山会館）を持ちテーマを決定した[33]。

テーマは「公的扶助従事者と対象者―その間をひきさくもの、つなぐもの―」とし、これについてパネルディスカッションを持つことになった。さらに5つの分科会に分けて、①地区担当員の現状、②生活保護基準の問題、③生活保護世帯における児童の問題、④都市計画等による公営住宅群の増加と福祉事務所、⑤公的扶助の変遷について討議することになった。①を除く4つは自主的研究会で分散的に学習してきたこともあり、神戸市がレポートを担当することになった[34]。

　こうして第1回関西ブロックセミナーは、服部敬子（当時、神戸市兵庫福祉事務所）を実行委員会代表として、1970（昭和45）年10月24～25日に、兵庫県高等学校野外活動センター「あさぎり寮」（明石市）で開催された。参加者の内訳は大阪府76名（うち大阪市51名）、京都府28名（うち京都市26名）、兵庫県39名（うち神戸市34名）、滋賀県3名、広島県2名、北九州市1名、東京都3名で、152名中143名（94％）は大阪府、京都府、兵庫県であり、また111名（73％）は大阪市、京都市、神戸市からの参加であった。参加者の比率からみても地域ブロックセミナーの特徴を如実に示していた。なお、大阪市からの多数の参加は翌年3月の第8回全国セミナー大阪開催につながることになった。またアンケート内容でも全国セミナーに比べて、身近なものに感じられたという感想がいくつかあった[35]。

　ブロックセミナー終了後の神戸市の自主的研究会は、再び小グループに分散していった。

　また機関誌『NEED』については、ブロックセミナー報告書の作成過程で、その発行体制の確立の必要性が認識され、ブロックセミナー実行委員のメンバーを中心に当番制で編集担当していくことになった[36]。

　なお神戸市における福祉事務所の職員体制は、1969（昭和44）年頃から市電廃止に伴い、元市電運転手が多数、福祉事務所の生活保護担当者として配置されるようになった[37]。

　また福祉専門職も福祉事務所や児童相談所にとどまらず、同和対策関係の厚生館等に拡大していった。

ちなみにこの頃の社会福祉政策動向をみると、ブロックセミナーの翌1971（昭和46）年、厚生省は福祉事務所制度20周年にあたり、今後の福祉事務所像を求めて「新福祉事務所運営指針」を出した。その指針では従来の生活保護中心から、生活保護法以外の福祉五法重視、地域福祉計画の重要性が提示され他方、福祉事務所を「迅速性」「直接性」「技術性」を具備した社会福祉行政の第一線現業機関として位置づけることとした。また同年、全国社会福祉協議会の「社会福祉事業法改正研究作業委員会」（委員長・仲村優一）からは、公的扶助中心の福祉サービスから地域福祉サービスを取り入れた幅広い福祉サービス体系の転換を意図して「福祉センター」構想が発表された。そこでは年金制度の充実に伴う生活保護の補足給付化、公的扶助における経済給付と対人福祉サービスの分離、人口10万人単位での「福祉センター」の設置などが提案された。まさにこの頃は高度経済成長を背景にして公的扶助が後景に退き、福祉5法重視、地域福祉志向型の福祉事務所改革論が積極的に展開された時期であった。

　また神戸市の福祉政策においても1969（昭和44）年の特別養護老人ホーム「西神戸ホーム」の建設、1970（昭和45）年の知的障害者授産施設「たまも園」の建設、そして1971（昭和46）年には「しあわせの村」建設のための調査が実施された。障害者、高齢者など福祉五法関係の大型施策が急テンポで導入された時期であった。

　こうして福祉事務所のあり方も、従来の生活保護中心から福祉五法、さらには地域福祉重視の体制に移行していった。

■おわりに■

　ここまで初期の公的扶助研究運動の軌跡と神戸市の福祉職員による自主的研究会活動の関わりについて論述してきた。神戸市の自主的研究会活動は、当初は非常に活発であり、初期の公的扶助研究運動にも多大な役割と貢献をしてきた。そして第3回全国セミナーや第1回関西ブロックセミナーの開催と成功に

導いた。しかし自主的研究会活動はその後、紆余曲折、停滞を余儀なくされた。福祉職員が結束し、継続して開催するという初期の研究会活動の雰囲気が薄れ分散的、途切れがちとなっていった。それとともに機関誌の発行も途絶えがちとなった。

　それでも神戸市の研究会組織は、今日まで全国セミナーや関西ブロックセミナーの開催に一定の役割を果たしてきている。全国セミナーでは第15回（1980年）、第24回（1989年）、そして第43回（2010年）に開催を引き受け成功させている。また関西ブロックセミナーでは第4回（1975年）、第7回（1983年）、第11回（1988年）、第15回（1992年）、第21回（2003年）、第23回（2006年）、第25回（2010年）、第28回（2013年）の開催地となっている。

　他方、全国の公的扶助研究運動も初期には杉村など熱意ある人材に支えられ、その後も停滞や浮沈を経験しつつ、全国セミナーやブロックセミナーを継続的に開催し、現在に至っている。この間、公的扶助研究運動の最大痛恨事は、機関誌「公的扶助研究」掲載による「福祉川柳事件」（1993年）[38]であった。この事件によりセミナーは全国、ブロックとも開催の一時中断を余儀なくされた。しかし公扶研連は、新たに全国公的扶助研究会（略称：全国公扶研、1995年）に生まれ変わり、全国、ブロックともセミナーは再開され、機関誌も再刊された。

　半世紀前の初期の公的扶助研究会活動の熱気と息吹きを取り戻すことは困難であっても、その当時の歴史を振り返りながら、生活保護法改正や生活困窮者自立支援法制定など貧困問題が大きくクローズアップされてきた現状を点検し、明日につなげていく地道な研究会活動が真に求められるところである。

　　付記　本論文執筆に当たっては、服部敬子氏から贈呈された段ボール一箱分のセピア色になった多数のガリ刷り資料が、貴重な引用・参考文献となった。ここに服部氏に深く謝意を表する次第である。

第 6 章　初期の公的扶助研究運動と神戸市の自主的研究会活動

【引用文献・注釈】
1 ）服部敬子『公的扶助従事者―持続のための覚え書―昭和35年～50年』1975、p.1
2 ）服部敬子「自主的研究をどうすすめるか」（第 4 回関西ブロックセミナー討議資料）1975
3 ）高間満「檜前敏彦と魁としての神戸市の福祉専門職制度」『ソーシャルワーク研究』Vol.25,No 3 、相川書房、1999、p.40
4 ）同上書、p.40
5 ）前掲書 1 ）、p.2
6 ）大友信勝『公的扶助の展開―公的扶助研究運動と生活保護行政の歩み―』旬報社、2001、p.19
7 ）同上書、p.19
8 ）前掲書 1 ）、pp. 4 - 5
9 ）蔭原孝「自然に生れる集団の力は強い」『公的扶助研究全国連絡会準備会ニュース』No. 7 、公的扶助研究全国連絡会準備会、1964
10）檜前敏彦『復刊FM通信』No. 2 、p. 3
11）前掲書 6 ）、pp.28-30
12）『第 2 回公的扶助セミナー報告書』1964、pp. 6 - 8
13）同上書、pp.60-61
14）冨部マリ子「第 3 回公的扶助セミナーを神戸で開こう！」呼びかけチラシ、1964年 7 月
15）『第 3 回公的扶助セミナー報告書』第 3 回公的扶助セミナー関西実行委員会、1965年11月、pp. 3 - 4
16）同上書、p. 7
17）『公的扶助研究』No.18、公的扶助研究全国連絡会、1965、p. 1
18）『公的扶助研究』No.20、公的扶助研究全国連絡会、1965、p. 5
19）同上書、p. 1
20）前掲書 1 ）、p. 6
21）前掲書 1 ）、pp. 7 - 9
22）前掲書 6 ）、pp.60-61
23）前掲書 6 ）、p.43
24）前掲書 6 ）、p.48
25）『公的扶助研究』No.31、1966年 8 ・ 9 月号、p. 2
26）前掲書 6 ）、p.49
27）前掲書 6 ）、pp.61-62
28）前掲書 6 ）、p.56
29）前掲書 6 ）、p.59
30）前掲書 6 ）、p.62
31）前掲書 1 ）、p. 9
32）前掲書 6 ）、pp.62-63
33）前掲書 1 ）、pp.10-11
34）『第 1 回関西公的扶助セミナー報告書』公的扶助研究関西ブロックセミナー実行委員会、

1970、pp.1−3
35）同上書、pp.51-56
36）前掲書1）、p.11
37）前掲書1）、pp.12-13
38）『公的扶助研究』No.154に掲載された＜休憩室＞「文学ノート・第1回川柳大賞」合計89句が差別的内容として、「障害者20団体」から抗議を受けたことが、マスコミに一斉報道され事件となったものである。

第7章 民生委員制度の歴史的変遷

■はじめに■

　民生委員制度が創設されて1世紀近くになる。この間、時代の大きな波に翻弄されながらも民生委員はつねに社会的弱者の身近な地域の守り手として、その貴重な役割を果たしてきた。本章ではこうした民生委員制度の歴史的変遷について論述する。まず萌芽としての岡山県済世顧問制度、次いで基礎を形成した大阪府方面委員制度、さらに全国に展開した方面委員制度による救護法制定運動とその後の戦時下における方面委員の活動を追う。そして戦後における民生委員の新たな生まれ変わりとその後の活動、最後に21世紀の社会福祉基礎構造改革期以後の民生委員制度の役割と課題について論述する。

I　萌芽としての岡山県済世顧問制度

　民生委員制度の萌芽は「岡山県済世顧問制度」（1917年）に求められる。この時期、社会情勢は第一次世界大戦（1914～18年）のさなかにあって、わが国

経済は産業が発展し、成金の出現など活況を呈していた。しかし一方でインフレが進行し、国民の生活は困難を極め、労働争議や小作争議が多発した。河上肇が『貧乏物語』を執筆したのもこの頃である（1916年）。そして1918（大正7）年には米騒動が富山県の漁村で発生し、燎原の火のごとく全国に波及していった。

こうした中、当時の岡山県知事笠井信一は1916（大正5）年5月の地方長官会議において、天皇から県民の貧困状況に関する御下問を受けたことを契機として貧困調査を実施した。その結果、県民の約1割が極貧状態にあることが判明した[1]。

天皇の御下問と貧困調査結果により責任の重大さを痛感した笠井は、県下より貧困を駆逐すべく中国古典、仏教経典、西欧哲学を渉猟し、さらにドイツのエルバーフェルト制度を参考にしつつ貧困対応の方策を検討した。そこで実ったのが16ヶ条からなる「大綱」である。そしてこれをさらに以下のような7ヶ条にまとめたのが「済世顧問設置規程」（1917年5月12日岡山県訓令）である。

① 「防貧事業の遂行」により個人および社会を向上させることを目的とする（第1条）。
② 「精神上の感化、物質上の斡旋」により貧困原因を消滅させる（第2条）。
③ 済世顧問の員数について市で15名、町村で1名とし区域の広狭、事情によって増加もある（第3条）。
④ 済世顧問は郡市長の推薦により知事が嘱託する（第4条）。
⑤ 済世顧問に推薦されるべき者の資格として、人格正しき者、身体健全なる者、常識に富める者、慈善同情心に富める者、中等以上の生活を営む者、忠実勤勉であることとする（第5条）。
⑥ 済世顧問の職務遂行にあたって、相互連絡を保持し、必要あるときは、官公署の助力を要求することができる（第6条）。
⑦ 済世顧問は名誉職とし、これを優遇する（第7条）。

この済世顧問制度の創設の翌年に米騒動が発生し、全国的に社会不安が増大する中で、岡山県は「済世委員設置規程」（1921年）を公布し、済世顧問制度

の補充機関として地域の実情に通じた「済世委員制度」を設置した。その数は市で10〜20名、町村では大字ごとに1名とした。この制度は全面的に済世顧問を根幹として、その嘱託は済世顧問の資格に準じ、任期も同様に無任期であり、また職務も同様であった。しかし済世顧問では適任者がいなければ欠員という則闕（そっけつ）主義であり、また対象者の援助についても自由裁量を重んじたのに対して、済世委員制度は必置主義であり、連絡協議を主として、普遍化、組織化を企図した。すなわち済世顧問制度は人を主とし、済世委員制度は組織に重点を置いたのであった[2]。

このように済世顧問制度では、防貧事業の遂行を目的として、物質的救済よりもむしろ精神上の感化、道徳的感化に重点が置かれた。また済世顧問の人選基準は厳正であり、地域の名望家、資産家、有力者を期待した。なおこの制度の基本思想は、二宮尊徳の報徳思想とされている[3]。

Ⅱ　基礎としての大阪府方面委員制度

大阪府に方面委員制度が設置されたのは1918（大正7）年10月であって、済世顧問制度設置後1年5ヶ月後であった。当時、大阪府知事であった林市蔵は、米騒動で全国的に生活不安が深刻化した状況にあって、「健全なる大阪府」を目指して、救済事業全般に幅広い知識と理論を有していた小河滋次郎に大阪府の救済制度の創設を依頼した。なお林に制度創設を促した契機として、「夕刊売りの母子」「廉売場の老婆」の目撃事例があった[4]。そこでこれらの貧困世帯を発見し、その状況を診断するための常設の調査機関（社会測量機関）の設置が必要であると林は決意したのである。

その頃、小河はすでに監獄学の大家であったが、勤務していた司法省におけるドイツ流の行刑政策に対し、英米の教育保護政策を主張して職場に居づらくなり、やむなく官職を辞任し、留岡幸助の推薦により1912（大正元）年から大阪府の嘱託として、当時の大久保利武知事に招かれていた。

林から依頼を受けた小河は、ドイツのエルバーフェルト制度、中国の審戸制度、江戸期の五人組制度、岡山県済世顧問制度などを詳細に調査研究し「大阪府方面委員規程」（1918年）を創案した。この規程は、以下の10ヶ条からなる。

① 方面委員の区域（方面）を小学校通学区域とする（第1条）。
② 方面委員は地方公務員、警察官、学校関係者、有志者、社会事業関係者から、知事が嘱託し、身分は名誉職とする（第2条）。
③ 小学校区の方面委員には常務委員（いわゆる会長）を置く（第3条）。
④ 学校その他の適当な場所に事務所を設置し、知事が嘱託する専属書記を置く（第4条）。
⑤ 方面委員は関係区域内の状況を明らかにし、調査および実行に従事する（第5条）。具体的には、一般的生活状態の調査とその改善向上の方法を検討すること、要救護者の状況調査とその救済方法の検討と実行、現存する救済機関の適否の調査と新設機関の必要性についての検討、日用品の需給状態の調査と生活安定方法の検討等である。
⑥ 方面委員の調査攻究事業の実施は主として郡市町村公益法人、および有志の施設に期待する（第6条）。
⑦ 各方面における事務の連絡統一を図るために方面常務委員連合会（いわば会長連絡会）を設置する（第7条）。
⑧ 府市に幹事を置き、幹事は府市区社会課係員および警察署員から知事が選定し、特別の必要がある場合には、学識経験者の中から顧問を嘱託する（第8条）。
⑨ 委員と従業員は所定の章（記章・バッジ）を着用する（第9条）。
⑩ 書記は有給とし、事務所雑費は必要に応じて支給する（第10条）。

　このように大阪府方面委員制度では小学校通学区域を方面として単位化し、そこに知事から委嘱された方面委員が地域の生活問題に対し、無報酬で取り組み、それを名誉職としたこと[5]、また済世顧問とは異なり、その地域に住み、その地域の実情によく通じた自営業者（下層社会の人に接触する機会の多い質屋、八百屋、雑貨屋、家主等）を主とした中産階級の「土着の常識的人格者」[6]

であること、さらにその職務は、貧困世帯を第一種と第二種に分けて方面カードを作成するとともに、家庭訪問を重視し、個別援助を徹底したこと[7]、そして組織的には常務委員や常務委員連合会を設置し、連絡統一を図るとともに、毎月の定例の連合会では、事例検討会を実施したことなどが特徴として挙げられる。

　この制度の創案者、小河の思想は監獄学では英米のヒューマニズム論が背景にあったが、社会事業論では東洋的儒教的倫理観が基調となっていた。小河によれば、社会事業の本領は各階級の協力による「社会全体の連帯責任」の上に成立する。そこでは相互扶助の道徳が重要となる。そしてその道徳とは、家庭を基盤とした仁の実践による修身斉家治国平天下の形成といえる。このように小河の社会観は儒教的な共同生活である[8]。また小河は、貧困が資本主義社会において必然的に生み出されるという社会的貧困観ではなく、怠惰や浪費など個人的な原因に起因するという個人的貧困観の捉え方をし、これらの貧困者に対する教化指導こそが社会事業の役割であるとした[9]。そしてこの役割を担う社会事業従事者には高潔な人格が求められるとしている。さらにその職務では、「社会事業の根本となり先駆となるべきものは、社会測量即ち民衆の社会的生活状態の真相を詳査審明するということである」として社会測量こそが重要であり、これが方面委員の本領であるとした[10]。

　一方、林は社会測量からさらにすすめて、方面委員が担当地区に責任を持つことが重要であるとしている。そして担当地区の家庭訪問を通じてさまざまな問題を抱える家庭に対し、方面委員として何とかしたいという熱情、すなわち「自己血清」ともよぶべき感情が沸き起こってくるはずであるとしている。そして「方面委員も（中略）血液血清を受けることにならんければ、本当の方面委員ではない」[11]とし、方面委員の自己の受持区域における責任感の重要性を説いた。さらに「方面委員の精神はすべての条件を取りのぞきましても、最後に残るものは絶対無報酬であると思います」[12]と、無報酬の活動についても強調した。

　こうして小河の思想や理論、そして林の熱情が両輪となって、大阪府の方面

委員制度が生み出されたといえる。
　この方面委員制度を済世顧問制度と比較すると、済世顧問の場合には、その任命基準も高く、村落社会の資産家、名望家が任命され、また待ちの姿勢で、防貧を中心に訪ねてくる貧困者に相談、指導を行う体制であった。これに対して方面委員の場合には、地域住民に身近で親しみのある商店主等、中産階級の人々が任命され、また積極的に委員の方から担当地区内の貧困者の家庭を訪問し、情報収集など社会測量を行い、問題を予防する体制をとったといえる。

Ⅲ　救護法と方面委員制度

　岡山県済世顧問制度、大阪府方面委員制度によって、わが国の方面委員制度の基礎は確立し、1928（昭和3）年までに方面委員制度は全府県に普及した。なお大阪府よりも4ヶ月前の1918（大正7）年6月に東京府慈善協会によって救済委員制度が設けられている。
　しかしこの東京府の制度は、他府県への社会的影響力が小さかった。これに対して大阪府の場合には林の知名度が高く、また小河の制度設計がよく整理されていたこともあり、他府県への影響力が大きく、そのまま制度モデルとして導入されることが多かった。
　なお当時、わが国の植民地であった台湾では1923（大正12）年、朝鮮では1927（昭和2）年に方面委員制度が導入されている。
　方面委員制度が全国的に普及した昭和初期までは、貧困者対応の唯一の制度は1874（明治7）年制定の「恤救規則」であった。この制度は明治政府が、維新後の社会の大変動に対応して、人身安定の必要に迫られ制定したものである。その救済原理は「済貧救恤ハ人民相互ノ情誼ニ因テ」講ずるべきとして近隣の相互扶助である「隣保組織」を基本とした。その上で親族扶養や隣保の救済が困難な「無告ノ窮民」を救済対象とした。すなわち公的救済よりも隣保相扶という情誼性を基本とした制度であった。しかし米騒動以後の不況が深刻化した

わが国の社会は、到底このような制度では対応しきれなくなっていた。相次ぐ企業倒産、失業者の増大、さらに1929（昭和4）年の世界恐慌により、わが国は根底から揺り動かされることになった。

そこで全国の方面委員たちは「恤救規則」に代わる新しい救貧制度、すなわち救護法の制定を求めて積極的な取り組みをすすめていくことになった。1928（昭和3）年10月に東京で開催された第1回全国救護事業大会では、全員一致で救護法のすみやかな制定を要望した。

1929（昭和4）年に政府は国会に救護法案を提出した。このとき衆議院には方面委員でもあった大阪府選出の沼田嘉一郎議員がおり[13]、貴族院には前述した元大阪府知事の大久保議員がいた。そしてこれらの議員の尽力もあり、1930（昭和5）年度より実施の付帯条件で1929（昭和4）年4月2日に公布された。

ところが救護法成立後、浜口雄幸内閣による財政緊縮政策の下、救護法実施の見通しがつかなくなってきた。そこで救護法の早期実施を求めて救護法実施期成同盟会を組織して、救護法実施促進運動が展開された。ここでも運動の中心となったのは沼田ら大阪府の方面委員たちであった。また実業家、渋沢栄一が病躯を押して運動の先頭に立ったことは有名である。この結果、ようやく政府は重い腰を上げ、財源は競馬法改正による競馬投票売得金から充当することにより、1932（昭和7）年1月から救護法が実施されることになった。

この救護法は公的救護義務主義により、法的に貧困者救済の公的責任を認めた点で画期的であった。また居宅救護を原則として、補充的に施設救護（養老院・孤児院・病院）を認めた。そしてここで、方面委員が法令上、救護委員の名称で救護事務の役割を担う市町村長の補助機関となった。救護事務の担当者として市町村の正規吏員ではなく、無報酬の方面委員が補助機関として位置づけられたのである。

このように救護法の制定と実施は、全国的に展開した方面委員の運動の賜物といっても過言ではない。なお救護法実施後の翌1933（昭和8）年には全日本方面委員連盟が結成された。

Ⅳ　戦時下の方面委員制度

　大阪府をモデルとした方面委員制度は全国に拡大していったが、その名称は方面委員が最も多いものの福利委員、奉仕委員、社会改良委員等々、各地域で多様であり、また組織や運営方法についても各地域で多様であり、さらにその成果も各地域により大きな違いがあった。

　そこで名称をはじめ性格、役割を全国的に統一し、どの府県も一定程度の成果をあげることができるように、1936（昭和11）年に12ヶ条から成る方面委員令（勅令第398号）が公布され、翌年1月から実施された。その主たる内容は次の通りである。①指導精神を隣保相扶、互助共済と明確化する、②方面委員は、方面ごとに道府県が設置する、③方面委員の設置主体を原則的に府県営とする（それまでは一部地域において、市町村や私設団体が設置していた）、④方面委員の任期を4年とする、⑤その選任について詮衡委員会を設置して公平にした。そしてその詮衡基準として、人格が正しく、常識が豊かであり、世情に通じ、同情の念が篤く事業に理解と情熱を示し、党派的偏見がなく、相当程度の生活を営み近隣の信望も篤く、相当期間、担任地域内に居住し、日常的に地域内の居住者と接触し得る立場にあり、相応の指導力のある者などが考えられていた。そして改めて、⑥方面委員は有給の事務職員ではなく、無給の名誉職であることとされた。

　こうして方面委員の法的位置づけが明確にされ、社会事業行政や救貧制度における役割は増大したが、同時に画一的な方向性をたどることになった。そして翌年の日中戦争以降の戦時下体制にあって、方面委員は従来の貧困者に対する救済活動のみならず、地域の多様な問題への活動対応を求められることになった。

　この社会事業全体が戦時体制に呑み込まれていった戦時厚生事業期における方面委員の活動対応を時系列的に追ってみよう。まず、救護法の拡大というべき1937（昭和12）年の母子保護法、1941（昭和16）年の医療保護法の制定によ

り、方面委員の救護事務は増大した。また1937（昭和12）年には軍事救護法の改正による軍事扶助法が制定された。この扶助事務もすでに「補助機関」として救護事務を担っていた方面委員に任されることになった。こうして方面委員の任務は一層、公的色彩を帯びることになった。

さらに1940（昭和15）年の「部落会町内会等整備要領」と「方面委員制度ト部落会、町内会トノ関係ニ関スル件」の依命通牒により、方面委員制度は部落会や町内会の地域組織における戦時的役割と連動することが求められ、大政翼賛会組織に呑み込まれていくことになった。そして生産力の増強、健民健兵の育成、国防体制の強化といったスローガンの下、企業等の職域組織、国防婦人会や愛国婦人会（後に大日本婦人会に統合）との連携強化も求められることになった。空襲が始まる戦争末期の1942（昭和17）年に戦時災害保護法が制定されると、方面委員は空襲被害者援護や住民疎開援護業務に携わることになった[14]。

こうして方面委員の業務は従来の救護事務のみならず、戦時体制下における多様な援護業務にとめどもなく拡大していった。そこでは戦争遂行課題への適応、すなわち軍事援護に関係する業務が最優先され、貧困者、高齢者、障害者等の要援護者に対する援護業務は第二義視された時代であった。しかしこうした状況にありながら、例えば大阪府の方面委員は、戦時体制に協力する一方で、無報酬の名誉職として地域の要援護者を地道に支援しようとした[15]。

V 戦後改革と民生委員制度

太平洋戦争が1945（昭和20）年8月15日に終了し、わが国は敗戦国としてアメリカを中心とするGHQ（連合国総司令部）の占領統治下に入った。GHQは非軍事化と民主化を旗印に焦土化したわが国に臨んだ。敗戦直後の国民生活は困窮を極めた。こうした状況に緊急に対応すべく、GHQは「救済並びに福祉計画の件」という覚書をわが国政府に提示した。そこで政府はこれに基づき、生活困窮者に対する臨時的応急的措置として同年12月に「生活困窮者緊急生活

援護要綱」を閣議決定し、翌1946（昭和21）年4月から実施した。この要綱の実施にあたっては、その徹底を期するために全国の方面委員を積極的に活動させることとした。方面委員は戦前の救護法に引き続き、ここでも公的救済活動の最前線の機関として、重要な役割を担うことになった。

　またGHQは1946（昭和21）年2月に「社会救済に関する覚書」（SCAPIN775）を政府に提示した。そこでは国家責任、公私分離、無差別平等、必要充足の4つの基本原則が示された。そこで政府はこの原則に基づき、1946（昭和21）年9月に「生活保護法」（旧法）を公布し10月から実施となった。そしてこの法に基づく保護事務を民生委員が、補助機関として担当することになった。そして同年9月、勅令により方面委員令を全面的に補正した「民生委員令」が制定され、同年11月1日から施行となった。1936（昭和11）年に制定された方面委員令は廃止され、民生委員制度として再発足したのである。

　民生委員令の要点は次の通りである。①指導精神を「社会の福祉を増進するために、仁愛の精神を以って保護誘掖」する、②名称変更について、それまでの貧困者救済から広く民生安定の推進者、民生安定の諸施策実施の協力者という意味から民生委員とする、③民生委員の委嘱を厚生大臣とし、地方長官が推薦し、指揮監督する、④市町村に民生委員推薦会という常設機関を設置し、公正かつ民主的な人選を図る、⑤4年の任期を2年に短縮する。なお同年10月には全日本民生委員連盟が発足した。

　さらに、1948（昭和23）年7月には民生委員令に検討を加えて「民生委員法」が制定された。この法制定の背景には、民生委員が一般社会からその存在を認識され、高く評価される一方で、委員として不適格者が選任されることにより社会的批判を受けたり、あるいは複雑広範な任務遂行が求められるようになったこともあり、委員の資質の向上を図り、その活動における個人差、地域差を解消することが必要となったことがある。こうしたことから、民生委員制度をそれまでの勅令によらず、国会の議決を経た法律に基づく制度とすることが急務となった。この勅令から法律へ法的根拠を強化した民生委員法の主な改正点は次の通りである。①指導精神を「社会奉仕の精神」と表現した。②適格者を

得るために従来の選出方法を是正し民主化した。③資格要件（人格識見高く、広く社会の実情に通じ、社会福祉の増進に熱意ある者であって、児童委員としても適当である者）を明示した。④職務の信条（5ヶ条）を明示した。⑤任期を3年にした。このように大幅な改正であった。

なお1947（昭和22）年には「児童福祉法」が制定された。これに伴って民生委員は、同時に児童委員に充てられることとなった。こうして民生委員は地域の児童福祉の推進にも携わることになった。

こうした中で1949（昭和24）年9月、社会保障制度審議会は「生活保護制度の改善強化に関する件」を勧告した。これは旧生活保護法では、無差別平等といいながらも欠格条項があったこと、保護請求権や不服申立の権利が保障されていなかったこと、さらにボランティアともいうべき民間人である民生委員が補助機関として、実際の保護事務を担当しているために、恣意的な事務となりがちであること[16]などを理由として、勧告したものである。

次いで1949（昭和24）年11月には、占領期福祉改革の集大成ともいえるGHQによる「社会福祉行政に関する6項目」提案がなされた。この6項目とは、①公的扶助からの民生委員の責任の除去、②社会福祉主事制度の創設、③福祉地区と福祉事務所の設置、④公私分離の明確化、⑤社会福祉協議会の創設、⑥有給専任吏員の現任訓練と査察指導員の配置である。とくにGHQは公的扶助の事務について、科学的客観性を有する有給の専門職員（社会福祉主事）で対応すべきであるとした[17]。

これらの勧告、提案を受けて、1950（昭和25）年5月4日、旧法を全面改正した現行の「生活保護法」（新法）を公布し、即日施行となった。この新生活保護法では、①憲法第25条に基づく生存権保障の目的を明確にしたこと、②保護請求権と不服申立の権利を明記したこと、③保護対象における欠格条項を除去したこと、④保護事務の担当者として社会福祉主事という専門職員を補助機関として設置し、民生委員を協力機関としたことなどが特徴である。

また1951（昭和26）年3月には「6項目」提案の具体的実現である「社会福祉事業法」が制定され、社会福祉主事、福祉地区、福祉事務所、社会福祉協議

会等の設置規定がなされた。

　こうして民生委員は救護法以来の貧困者に対する救済事務について、その補助機関としての責任的立場から退き、新生活保護法以降は、協力機関として側面から保護事務を支援する立場に変わったのである。いわゆる民生委員の「名誉職裁量体制」[18]における裁量権の喪失であった。

Ⅵ　経済成長期の民生委員制度

　1945（昭和20）年9月に始まったGHQによる占領期は、1952（昭和27）年4月のサンフランシスコ平和条約の発効をもって終了となった。そしてこの占領期に前述のように、わが国の戦後社会福祉の枠組みが構築された。一方、占領期の終わり頃、わが国は朝鮮戦争（1950～53年）の特需景気により産業が復興し、その後、経済が飛躍的に進展する高度成長期（1954～73年）に入ることになった。

　そして新生活保護法により、その職務が補助機関から協力機関となった民生委員制度は1953（昭和28）年8月に一部法改正され、生活保護事務についての協力（保護を要する状態にある者の発見、保護の実施に関して必要に応じて市町村長に参考意見を述べる、保護を受ける者の生活指導）を始めとする福祉事務所等、福祉行政機関への協力が職務として規定された。

　貧困者の救済対応を長らくその本来職務としてきた民生委員であったが、占領期の福祉改革により、その役割を大幅に後退させた。こうした中で、民生委員は1951（昭和26）年に民生委員信条を定め[19]、新たな時代における新たな活動を模索することになった。そこで生まれたのが「世帯更生運動」であった。これは1952（昭和27）年に滋賀県大津市で開かれた第7回全国民生児童委員大会において提起されたものであった。この時期、社会保障制度は生活保護制度があるのみで、国民皆保険皆年金計画も1960（昭和35）年にスタートするまで無保険のまま、約1,500万人の国民は、生活保護基準とほぼ同じ水準の生活層

である「ボーダーライン層」とよばれる人々であった。こうした中、世帯更生運動は「民生委員一人一世帯更生」をスローガンに全国的な運動展開を行った。この運動は民生委員が低所得世帯に対して、必要な援助と生活指導を行うことにより、その自立を促進し、被保護層への転落を防止することを目的とするものであった。1955（昭和30）年には全国社会福祉協議会の全面的バックアップにより、全国の都道府県が実施することになった。またこの世帯更生運動の最大の課題は資金の調達であったが、それも同年度予算で国が1億円計上し、これを原資として「世帯更生資金貸付制度」が発足した。そして生業資金、支度資金、技能修得資金の3種類が貸付金となった。

「世帯更生資金貸付制度」発足と同じ年の1960（昭和35）年には、「心配ごと相談所」が国庫補助により市町村社会福祉協議会で運営され、そこでは民生委員が積極的に市民の相談に応ずる立場として対応することになった。

また核家族化、過疎・過密化の進行に伴い、高齢者問題が表面化する頃になると、1962（昭和37）年に全国民生委員児童委員協議会が組織化されたこともあり、民生委員が率先して全国的な実態調査を実施することになった。1968（昭和43）年には「居宅ねたきり老人実態調査」、1970（昭和45）年には「独居老人実態調査」、1973（昭和48）年には「孤独死老人実態調査」、1977（昭和52）年には「老人介護の実態調査」、1985（昭和60）年には「在宅痴呆性老人の介護者実態調査」が実施された。そしてこれらの調査結果が行政や世論に働きかけ、在宅福祉や地域福祉を推進させるとともに、個々の民生委員は地域福祉のキーパーソンとして、援護を必要とする担当地域の高齢者を援助していくことになった。他方で、児童委員という立場からは1971（昭和46）年に「丈夫な子どもを育てる母親運動」、1984（昭和59）年に「心豊かな子どもを育てる運動」、1997（平成9）年に「子どもと子育てに関するモニター調査」を実施し、子どもの健全育成のためのソーシャルアクションや少子化に対応した調査を展開している。このような調査は「社会測量」以来の民生委員ならではの意義ある活動であった。

さらに全国民生委員児童委員連合会（1992年に協議会から改称）では、1967

（昭和42）年に制度創設50周年を期して活動強化要綱を定め、以降10年ごとに活動強化方策を策定し、基本的性格の位置づけ、推進すべき重点活動項目を設定している（表7-1参照）。基本的性格について50周年（1967年）では「自主性」「奉仕性」「地域性」とし、60周年（1977年）では、この3つの性格に加え、「住民性」「継続性」「包括・総合性」の3つの原則、さらに「社会調査」「相談」「福祉サービス、情報提供」「連絡通報」「意見具申」の5つのはたらき、70周年（1987年）では5つのはたらきに「調整」「支援体制づくり」を加え7つのはたらきにした。そして80周年（1997年）では、これらに活動展開のための視点として6点、（①基本的人権の尊重、②住民の福祉需要の把握、③自らの活動の点検・評価、④地域を基盤とした活動の展開、⑤先駆的・先見的活動の展開、⑥関係機関・施設・団体との連携・協働活動の推進）を加え、また基本姿勢として「社会奉仕の精神」「基本的人権の尊重」「政党・政治的目的への地位利用の禁止」を加えている。

　このように全国民生委員児童委員連合会は、10年ごとに自らの方針や活動を見直し、新たな方向性を示してきた。そして地域福祉ネットワークづくり、福祉のまちづくりのキーパーソンとして自らの立場を積極的に位置づけてきたといえる。

　なお1994（平成6）年には児童委員活動の活性化を目指して、地域社会の中で子どもや子育てを支援する地域ネットワークの中核として、主任児童委員制度が創設された。

第7章 民生委員制度の歴史的変遷

表7-1 民生委員・児童委員活動強化方策

策定年度と課題	基本的性格と民児協活動等	重点活動
1967（昭和42）年5月12日 制度創設50周年を期しての民生委員児童委員活動強化要綱	○基本的性格の明確化 　「自主性」「奉仕性」「地域性」 ○「活動の基本」体得 　「社会調査」「相談助言」「資源の活用」 　「世帯票の整備・活動記録と報告」 ○民生委員活動の基盤強化 　①民生委員協議会の組織活動の強化 　②社会福祉協議会の強化と地域福祉活動の推進	①しあわせを高める運動の強化推進 ②心配ごと相談所の普及充実 ③社会福祉モニター活動の展開 ④出稼ぎ者、勤労青少年と家庭を結ぶ運動の展開 ⑤子どもを事故から守る運動の展開 ⑥共同募金運動の強化推進
1977（昭和52）年3月9日 「これからの民生委員児童委員活動」―制度創設60周年を期しての活動強化方策―	○民生委員の基本的生活とはたらき 　民生委員の基本的性格 　　「自主性」「奉仕性」「地域性」 　民生委員活動の三つの原則 　　「住民性」「継続性」「包括・総合性」 　民生委員活動の五つのはたらき 　　「社会調査」「相談」「福祉サービス、情報提供」「連絡通報」「意見具申」 ○民生委員活動の基盤強化 　①「民生委員の日」「民生委員児童委員活動強化週間」の制定実施 　②民生委員児童委員協議会組織の整備と活動強化 　③共同活動の積極的展開 　④研修の強化 　⑤財政と事務局体制の確立	①在宅者福祉のための個別的援助活動とネットワークの強化（個別活動の展開） ②福祉のまちづくり運動の促進（環境制度の改善整備）
1987（昭和62）年2月27日 「21世紀に向けての民生委員児童委員活動」―制度創設70周年を期しての活動強化方策―	○民生委員の基本的性格とはたらき 　民生委員の三つの基本的性格 　　「自主性」「奉仕性」「地域性」 　民生委員活動の三つの原則 　　「住民性」「継続性」「包括・総合性」 　民生委員活動の七つのはたらき 　　「社会調査」「相談」「情報提供」「連絡通報」「意見具申」「調整」「支援体制づくり」 ○民生委員活動推進体制の充実強化 　①民生委員協議会の運営強化 　②共同活動の積極的展開 　③計画的・組織的活動の推進 　④社会福祉協議会との連携の強化 　⑤研修の強化 　⑥財政と事務局体制の確立	①個別援助活動の強化 ②在宅援助のためのネットワークづくり ③福祉のまちづくりへの協力

策定年度と課題	基本的性格と民児協活動等	重点活動
1997（平成9）年4月21日 「地域福祉の時代に求められる民生委員・児童委員活動」―80周年活動強化方策―	○活動展開のための視点 　①基本的人権の尊重 　②住民の福祉需要の把握 　③自らの活動の点検・評価 　④地域を基盤とした活動の展開 　⑤先駆的・先見的活動の展開 　⑥関係機関・施設・団体との連携・協働活動の推進 ○民生委員・児童委員の原則 　民生委員・児童委員の基本姿勢 　　「社会奉仕の精神」「基本的人権の尊重」 　　「政党・政治的目的への地位利用の禁止」 　民生委員・児童委員の三つの基本的性格 　　「自主性」「奉仕性」「地域性」 　民生委員・児童委員活動の三つの原則 　　「住民性」「継続性」「包括・総合性」 　民生委員・児童委員活動の七つのはたらき 　　「社会調査」「相談」「情報提供」「連絡通報」「意見具申」「調整」「生活支援」	①個別化援助活動の推進 ②在宅援助を進めるネットワークづくり（見守りと支援のための連携体制） ③福祉のまちづくり ④子育て環境の整備、児童委員活動の推進 ⑤協働活動の積極的展開 ⑥民児協の機能強化
2007（平成19）年7月 「広げよう地域に根ざした思いやり」―制度創設90周年活動強化方策	○行動宣言 ①「安心して住み続けることができる地域社会づくりに貢献します」 ②「地域社会での孤立・孤独をなくす運動を提案し、行動します」 ③「児童虐待や犯罪被害などから子どもを守る取り組みを進めます」 ④「多くの福祉課題を抱える生活困難家庭に粘り強く接し、地域社会とのつなぎ役を務めます」 ⑤「日頃の活動を活かし、災害時に要援護者の安否確認を行います」	○強化方策 ①「気がかりな人や身近に頼る人がいない地域住民を発見し、進んで声をかけ、相談に乗り、福祉サービスにつなぎ、見守るなど継続して支援します」 ②「地域住民の立場に立って、個人の秘密を守り、誠意を持って活動します」 ③「地域福祉の担い手として、地域を耕し、専門職や福祉の実践者などとともに協働します」

出所）全社協・民生部「民生委員・児童委員の活動と歴史」『月刊福祉』（1997年12月号）全社協、p.34を基に筆者一部加筆

Ⅶ 社会福祉基礎構造改革と民生委員制度

　わが国の経済は1973（昭和48）年のオイルショックにより、それまでの高度経済成長が幕を閉じ、安定成長さらには低成長期に入った。そして1985（昭和60）年頃には円安ドル高のバブル景気に沸くことになった。しかし1991（平成3）年に脆くもバブルは弾け、不況期に突入した。1990年代半ば以降になると、一層の不況の深刻化とともに、雇用が不安定化し、国民生活に格差が拡大し、貧困が蔓延し、そして孤立死、ホームレスなどの社会的排除とよばれる諸問題が顕在化してきた。

　こうした社会環境の大きな変化の中にあって、社会福祉のシステムもまた戦後まもなく構築された措置制度から契約制度へ、そして地域福祉の充実など抜本的改革を迫られることになった。いわゆる社会福祉基礎構造改革である。このため2000（平成12）年に、社会福祉事業法は改正され「社会福祉法」に変わった。そしてこれと呼応して同年、新しい時代における民生委員として民生委員法も改正となった。

　民生委員法改正の主な点は以下のとおりである。
① 　第1条では「社会奉仕の精神をもって、保護指導のことに当り」という表現が「社会奉仕の精神をもって、常に住民の立場に立って相談に応じ、及び必要な援助を行い」に変わり、これまでのともすれば住民に対する「上から目線」の立場が、住民と「同じ目線」に変わった。
② 　第10条では「民生委員は、名誉職とし」が「民生委員には、給与を支給しないものとし」に変わり、済世顧問、方面委員制度以来、連綿と続いてきた「名誉職」規定がなくなった。これは民生委員制度の「名誉職裁量体制」の完全な崩壊であり、画期的な変化である。
③ 　第14条では「常に調査を行い、生活状態を審らかにして置くこと」が「住民の生活状態を必要に応じ適切に把握しておくこと」に変わった。そして「援助を必要とする者がその有する能力に応じ自立した日常生活を営むこ

とができるように生活に関する相談に応じ、助言その他の援助を行う」こと、さらに「援助を必要とする者が福祉サービスを適切に利用するために必要な情報の提供その他の援助を行う」ことと規定された。つまり、地域において支援や見守りが必要な人や世帯を把握し、サービスのつなぎ役として、ていねいに話を聴き、役立つ情報を分かりやすく伝え、実際にサービスを利用できるように援助することが、民生委員の職務であるとされた。

こうした中、全国民生委員児童委員連合会では2007（平成19）年7月に制度創設90周年活動強化方策を策定した。そこでは「広げよう地域に根ざした思いやり」を100周年に向けた行動宣言として次の5点を挙げている。

① 「安心して住み続けることができる地域社会づくりに貢献」する。
② 「地域社会での孤立・孤独をなくす運動を提案し行動」する。
③ 「児童虐待や犯罪被害などから子どもを守る取り組み」をすすめる。
④ 「多くの福祉課題を抱える生活困難家庭に粘り強く接し、地域社会とのつなぎ役」を務める。
⑤ 「日頃の活動を活かし、災害時に要援護者の安否確認」を行う。

また活動強化方策として次の3点を挙げている。

① 「気がかりな人や身近に頼る人がいない地域住民を発見し、すすんで声をかけ、相談に乗り、福祉サービスにつなぎ、見守るなど継続して支援」する。
② 「住民の立場に立って、個人の秘密を守り、誠意を持って活動」する。
③ 「地域福祉の担い手として、地域を耕し、専門職や福祉の実践者などとともに協働」する。

こうして21世紀における民生委員は、住民と同じ立場で、住民の抱える生活ニーズを適切に把握し、福祉サービスのつなぎ役として有効な情報を伝え、また協力機関として福祉事務所など行政機関と緊密な関係を保つことはもとより、他の関係諸機関・団体とも密接な連携をとりながら、具体的なサービス利用の援助を行い、さらに厚生労働大臣による委嘱型ボランティア[20]としての特質を生かして、専門職や他のボランティアと協働しながら地域福祉の担い手と

第7章　民生委員制度の歴史的変遷

して、その固有の役割を遺憾なく発揮することが求められているといえる[21]。

■おわりに■

　ここまで約1世紀に及ぶ民生委員制度の歴史的変遷について論述してきた。民生委員は地域の福祉の守り手として、ずっとその役割を果たしてきた。貧困者の味方として、あるいは心身にハンディを持つ要援護者の支え手として、それぞれが与えられた一定の地域で地道に活動を遂行してきた。その活動のモチベーションは、無給の名誉職という身分的性格であったといえる。そして救護法や旧生活保護法の下では、補助機関として貧困者の救済事務を一手に引き受けていた。その後、戦後の社会福祉の変化と発展に伴い、福祉行政の協力機関に移行し、地域の福祉の守り手として、新たな活動方向を求め、多様なモニター活動を展開してきた。そして21世紀の今日、民生委員はこれまでの名誉職から委嘱型ボランティアとして、地域福祉主流の時代における身近な地域の福祉の担い手として、その存在意義を示していくことが求められている。

【引用文献・注釈】
1）全国社会福祉協議会編『民生委員制度五十年史』全国社会福祉協議会、1968、p. 9
　「県下における貧民は如何に暮せる乎」という天皇の御下問に対し、返答に窮した笠井知事は、帰任後ただちに調査を行った。その結果、県税戸数割賦課等級最下限の戸数が2万99戸、人口が10万3,710人という驚くべき状況にあることを発見した。
2）同上書、p.12
3）嘉陽正倫「民生委員の現代的課題」（山口大学大学院博士論文）2011、pp.20-21
　二宮尊徳の報徳思想は農民更生、共存共栄の思想であり、井上友一、留岡幸助、石井十次らもこの報徳思想を基礎に救済事業を展開した。笠井知事も報徳思想への関心は深く、その影響を受けたとしている。
4）清水教恵「方面委員の誕生―民生・児童委員の前身はどのようにして生まれたか―」大阪社会福祉史研究会編『大阪における社会福祉の歴史I』大阪市社会福祉協議会、2007、pp.81-85
　「夕刊売りの母子」は1918（大正7）年の淀屋橋、「廉売場の老婆」は米騒動後の米の廉売場での林市蔵の目撃事例である。

5）柴田善守『方面事業の精神―主として林市蔵先生と方面委員―』民生委員制度創設六十周年記念／昭和五十二年度全国民生委員児童委員大会大阪実行委員会事務局、1977、pp.61-62
　林が1931（昭和6）年の広島公会堂での講演で、方面委員活動における無報酬の重要性について喝破したことを紹介している。
6）小河滋次郎「社会事業と方面委員制度」『社会福祉古典叢書2　小河滋次郎集』鳳書院、1980、p.203
　小河は土着若しくは準土着の人であって、常識に富んだ人格者こそが方面委員としての性格を具備していると述べている。
7）杉野昭博「日本におけるソーシャルワーク」平岡公一・杉野明博他著『社会福祉学』有斐閣、2011、p.65
　杉野は調査の重視、方面カードという一定の書式によるケース記録の導入に注目し、ここに日本におけるケースワーク技術の萌芽が見られ、COSなど欧米のケースワーク技法からの影響が推測されるとしている。なお方面委員活動におけるケースワーク導入模索については、昭和10年代に入って方面委員令の施行後、中村孝太郎、山田節男らによって論じられ、この流れは1940（昭和15）年に竹内愛二「方面委員事業の技術的再編成」『社会事業』Vol.24,No.8、pp.1-17　においてまとめられた。この経緯については、遠藤興一「方面委員活動の史論的展開について（下）」『明治学院論叢』No.235、1976、pp.71-108　において論述されている。
8）柴田善守『小河滋次郎の生涯』日本生命済生会、1964、p.4
　東洋的儒教倫理については遠藤興一も「方面委員活動の史論的展開（上）」『明治学院論叢』No.231、1975、pp.85-128　において論じている。
9）同上書、p.5
10）前掲書6）、p.180
　小河は社会測量を広義と狭義に分け、広義の結果は一般社会政策の基礎となり、狭義の結果は個別的救済の根本となるとしている。
11）前掲書5）、p.69
12）前掲書5）、p.124
13）沼田嘉一郎については小笠原慶彰「大阪府方面委員制度創設期における林市蔵の位置―方面理事・沼田嘉一郎との関係を中心にして―」『社会福祉学』Vol.52,No.1、日本社会福祉学会、2011　において論じられている。
14）戦時下の方面委員活動については永岡正巳「戦時下方面委員活動と政策、実践、課題」『復刻・戦時下大阪府方面常務委員会議事速記録』近畿地域福祉学会大阪方面委員活動史料研究会、1999　に整理されて論じられている。
15）同上書（『復刻・戦時下大阪府方面常務委員会議事速記録』）では、終戦間際までの常務委員会での要援護者のための協議内容が逐語的に詳述されている。
16）旧生活保護法の下での民生委員の恣意的事務取扱については、六波羅詩朗「生活保護法下における『生活保護百問百答』の役割：旧生活保護法を中心として」『日本社会事業大学社会事業研究所年報』Vol.19、日本社会事業大学、1983、pp. 67-89、および「旧生活保護法の変容と民生委員の役割」同上書、Vol.20、日本社会事業大学、1984、pp.119-

17) 菅沼隆『被占領期社会福祉分析』ミネルヴァ書房、2005、p.231
    菅沼によれば、GHQの地方軍政官は生活保護事務を取り扱う民生委員に関して、公的責任の曖昧さと補助機関としての責任性の欠如を指摘したが、民生委員制度そのものを廃止すべきとまでは要求していなかったと論じている。
18) 同上書、pp.218-258
    菅沼によれば天皇制と結びついた救済事務における「名誉職裁量体制」が救護法下の方面委員や旧生活保護法下の民生委員の活動モチベーションであったが、新生活保護法制定により、補助機関から協力機関になったことで、この体制が解体していったと論じている。
19) 前掲書1）、p.54
    民生委員の向うべき目標を簡明にした「座右の銘」ともいうべき次の5ヶ条からなる信条である。①われらは隣人愛をもって、その力を社会福祉の増進に捧げる。②われらは常に地域社会の実情を審らかにすることに努める。③われらは誠意をもって、あらゆる生活上の相談に応じ、その更生を援ける。④われらはすべての人と協力し、明朗で健全な地域社会の建設に努める。⑤われらは常に公正を旨とし、人格の涵養と識見の向上に努める。
20) 小松理佐子「地域福祉の時代の民生委員制度」『月刊福祉』2007年10月号、全国社会福祉協議会、2007
    小松は、民生委員が厚生労働大臣によって委嘱されているという委嘱型の意味と特質を再確認することが重要であるとしている。
21) 厚生労働省の民生委員・児童委員に関するデータによれば、身分的には非常勤の特別職の地方公務員として2010（平成22）年3月31日時点で、委嘱総数22万8,728人、うち男性9万1,990人、女性13万6,738人である。年間の総活動件数は約3,270万件、うち相談支援活動件数は750万件である。相談支援活動の分野別では「高齢者に関すること」が約半数を越え、「子どもに関すること」が2割、「障害者に関すること」が1割弱である。内容別では日常的な支援、在宅福祉、健康、保健医療、児童関係など幅広い相談が実施されている。また民生委員・児童委員1人の1日あたりの活動では、相談支援件数が約3件、訪問連絡調査件数が約17件、その他の活動件数が約9件で、1月あたりの平均活動日数は10.7日となっている。

【参考文献】
・大阪府民生委員制度創設六十周年記念事業実行委員会『大阪府方面委員民生委員制度六十年史』1979
・遠藤興一「民生委員制度の歴史」『社会福祉研究』Vol.21、鉄道弘済会、1977
・原田正二「民生委員制度七〇年の系譜」『月刊福祉』1987年6月号、全国社会福祉協議会、1987
・大友昌子『帝国日本の植民地社会事業政策研究—台湾・朝鮮—』ミネルヴァ書房、2007
・渡辺武男「これからの民生委員・児童委員の活動の役割と課題」『社会福祉研究』Vol.76、鉄道弘済会、1999

・金井敏「制度創設90周年を迎えた民生委員・児童委員の機能を問う」『社会福祉研究』Vol.101、鉄道弘済会、2008

第8章

戦後の社会福祉理論の系譜

■はじめに■

　社会福祉の理論研究は社会福祉の歴史・思想・理念をふまえて、現在の社会福祉の構造・機能・役割を解明することに目的がある。わが国の社会福祉の理論研究は、戦後1950年代から1970年代にかけ、幾人かの研究者によって精力的に展開された。しかし1980年代になると理論研究は停滞・低迷となり、1990年代以降、現在に至るまでいわゆる「グランドセオリー不在」の時代が続いている[1]。

　社会福祉の理論展開について、4つの時期に分けることができる。第1期は、戦後改革と経済復興の1950～60年代前半までの時期である。第2期は、高度経済成長と住民運動高揚の1960年代後半～1970年代までの時期である。第3期は、低成長と福祉見直しの1980～90年の時期である。そして第4期は、グローバル化と格差進行の1990年代～現在までの時期である。

　本章ではこれらの区分に沿いつつ、戦後の代表的研究者による社会福祉理論を取り上げ、その内容、特徴、影響について論述し、さらに現在における理論的課題についても検討する。

I 戦後改革と経済復興期（1950〜1960年代前半）

　占領期の戦後改革とその後の経済復興の中で、生活保護法をはじめとする福祉三法が整備された時期である。社会福祉の理念と現実の狭間で「社会福祉とは何か」が盛んに問われ、在野の研究者により「政策論」と「技術論」をめぐって活発な理論展開と論争が行われた。いわゆる「社会福祉本質論争」[2]の時期である。1954（昭和29）年には日本社会福祉学会が設立された。

　今日の社会福祉理論は、この時期に構築された理論的枠組みに大きな影響を受けている。

1. 社会福祉の政策論（孝橋理論）

　孝橋正一[3]は戦後まもなく、マルクス経済学を基礎にして社会福祉理論を展開した。この孝橋理論の前提として、大河内一男の社会政策理論があった。大河内は戦時期（1937〜38年）の諸論文で、社会政策を労働力保全のための労働者対策、社会事業を労働者以外の「経済秩序外的存在」対策とし、社会事業は社会政策を補充するものであるとした。これに対し孝橋は、その著『全訂社会事業の基本問題』（1962年）において、社会政策が社会の基礎的本質的課題である社会問題（労働問題）に対応するのに対し、社会事業は関係的派生的課題である社会的問題（社会病理・福祉問題）に対応するものであり、社会政策の補充的施策であるとした。そして社会事業が資本主義社会の構造的必然の所産であるとして、次のように述べている。

　　社会事業の本質認識を社会科学にもとめなければならないということである。それは社会事業という一つの社会的存在の歴史性・社会性を忘却・脱落せしめないで、資本主義制度の構造的必然の所産とみ、資本の運動法則や賃金労働の再生産機構の論理に即して、現象と本質との統一において、社会事

業の生成と発展、存在の目的と理由、その意義や性質、構成とその内容、機能と方法および任務と役割等を体系的に理解するものでなければならない[4]

　このように孝橋は社会事業の本質を、その歴史的、社会的性格をふまえて資本主義の生産関係に焦点を当てて分析・解明しようとしたのである。孝橋理論ではマルクス経済学を武器として、資本主義社会における社会福祉の歴史や構造を論理的に分析したことに意義がある。しかし反面、孝橋理論は社会福祉を体制維持の施策として限定したため、決定論的・機械論的であり、そこからは社会福祉の実践論が生まれてこないという批判を受けた。これに対して孝橋は、技術論（アメリカ社会事業）はHow to do、How to helpの体系であり、他方、政策論はWhat is itの体系であると反論した[5]。

2．社会福祉の技術論（竹内理論）

　戦前からのケースワークの研究者であった竹内愛二[6]は、社会福祉事業と社会事業を区別し、前者をより広義に捉える一方で、後者を前者の一領域として捉えた。そして社会事業を人間関係や社会関係の調整に焦点を当てた専門的行動体系として捉えた。竹内はその著『専門社会事業研究』（1959年）において、次のように社会事業を定義している。

　　（個別・集団・組織）社会事業とは（個人・集団・地域社会）が有する社会（関係）的要求を、その他の種々なる要求との関連において、自ら発見し、かつ充足するために、能力、方法、社会的施設等あらゆる資源を自ら開発せんとするのを、専門職業者としての（個別・集団・組織）社会事業者が、その属する施設・団体の職員として、側面から援助する、社会福祉事業の一専門領域を成す過程をいう[7]

　竹内にはケースワークなどのソーシャルワークを、わが国に定着させようと

する願いが強かった。そこで社会事業を社会学、心理学、さらにはパーソナリティ論や文化論などによる応用科学的専門職業として捉えた。しかしこの理論は隣接諸科学の応用の域を出ないこと、超歴史的であることなどの批判を受けた。なお竹内の理論は勤務校であった関西学院大学の社会福祉を「専門技術と実践の関学」として特色づけた。

3．社会福祉の固有論（岡村理論）

岡村重夫[8]は、孝橋と対極的立場にあって社会福祉の理論を展開した。岡村は社会学の役割理論に基づきながら、社会制度と個人との間に結ばれる社会関係の主体的側面に焦点を当てることこそが、社会福祉の固有の視点であるとした。岡村はその著『全訂社会福祉学（総論）』（1958年）において、次のように述べている。

> すべての個人の社会生活の基本的欲求が充足されるために効果的な社会関係が不可欠であるならば、社会関係の客体的側面だけに着目する専門分化的な政策だけでは不十分であって、社会関係の主体的側面を問題とする個別化援助の方策がなくてはならない。それはすべての個人が社会制度から要求される役割期待への適応過程を援助する方策であって、同じく社会生活の基本的欲求の充足に関わるものではあるが、一般的な「政策」と立場を異にするものである。これが社会福祉の固有の視点である[9]

岡村はまた、社会福祉の援助原理として社会性・全体性・主体性・現実性の4つの原理を示した。この確固とした学問的座標軸、理路整然性、かつオリジナルな岡村の社会福祉「固有論」は、いわゆる「岡村山脈」として弟子たちに継承され、今日に至るまで大きな影響を及ぼしている。しかし超歴史的であり機能論であるという批判もある[10]。

Ⅱ 高度経済成長と住民運動高揚期（1960年代後半〜1970年代）

　高度経済成長により、その歪みとして公害等、さまざまな社会問題が噴出し、これらに反対する住民運動が各地で展開された。一方で、国民皆保険・皆年金体制となり、社会福祉も福祉三法から福祉六法に拡大された。そうした中、社会福祉の理論では、「政策」と「技術」の対立を乗り越えようとする「統合理論」が展開された。さらに住民運動、社会福祉運動の高揚を背景に、政策論の批判的発展形態として「新政策論」が展開された。

1．社会福祉の綜合論（木田理論）

　この時期、木田徹郎[11]は、社会福祉における制度体系と行動体系の綜合化を図る理論を展開した。木田によれば、臨床的社会事業と構造的社会福祉とは盾の両面であるとし、その科学的体系化が重要であるとした。そして主著『社会福祉概論―実践としての社会福祉の理論的体系化』（1964年）において次のように述べている。

　　ところでわれわれの課題である具体的な現実問題は、常に社会体制的、政治的、経済的、文化的、心理的、生理的等々の諸問題を同時にそなえている。したがって前述各側面からの数多くの条件、それは矛盾・対立的でもあり、また均衡的、限界維持的でもあり、いわば前述の社会構造中心と人間中心的アプローチを同時に必要とする性格のものである。何故かと言えば、われわれの追究しているのは単なる一元的解釈、分析ないし理論ではなくて、数多くの条件に制約されている具体の社会における、現実に有効な実践なのであるからだと言ってよかろう[12]

　こうして木田は、社会構造中心と人間中心的アプローチの両側面の綜合に

よって、常に複雑な現実問題への有効な対応が可能となるとした。すなわち木田は、政策論か技術論かという二分法ではなく、マートンの社会学を拠り所に構造的制度体系と臨床的行動体系の綜合化による科学的体系化を図ろうとしたのである。職業行政官僚としての経験を生かし、科学性、計画性、実践性を重視した理論構築であったが、その志半ばで逝去した。

2．社会福祉の統合論（嶋田理論）

高度経済成長期にあって嶋田啓一郎[13]は、社会福祉における政策論と技術論の統合を試みる理論を展開した。嶋田の主たる関心は、社会的実践の学としての社会福祉学建設であった。嶋田によれば、制度的アプローチと主体的アプローチが個々別々に行われるのではなく、この２つの接近方法の統一により社会福祉の総合的機能が発揮されるとした。嶋田はその著『社会福祉体系論』（1980年）において、社会福祉を次のように定義している。

　　社会福祉とは、その置かれたる一定の社会体制の下で、社会生活上の基本的欲求をめぐって、社会関係における人間の主体的および客体的諸条件の相互作用より生起する諸々の社会的不充足、あるいは不調整現象に対応して、個別的または集団的に、その充足・再調整、さらに予防的処置を通して諸個人、または集団の社会的機能を強化し、社会的に正常な生活水準を実現しようとする公的並びに民間活動の総体を意味する。これらの諸活動は、損傷された能力の回復、個人的・社会的資源の提供、および社会的機能障害の三機能を包含する[14]

この後、嶋田は政策論と技術論のさらなる統合を図るべく、社会体制論と諸科学からなる人間行動科学の総合的理解、いわゆる力動的統合理論を展開し、「全人的人間の統一的人格」の確立こそが社会福祉の究極的課題であるとした。嶋田の理論は社会福祉を総合的、かつ国際的に捉えたところに大きな意味があ

る。また理論の思想的基盤であるキリスト教的社会民主主義は、先輩教授の竹中勝男の理論[15]と同様に、同志社社会福祉の学統を形成した。しかしこの嶋田理論は、政策論と技術論の折衷であるとの批判がある。なお、孝橋との間にいわゆる「孝橋―嶋田論争」[16]が展開された。

3．社会福祉の運動論（一番ヶ瀬理論・真田理論）

社会福祉が拡大していく1960年代後半になると、一番ヶ瀬康子[17]や真田是[18]などにより社会福祉運動論が展開された。この運動論は政策論を継承しつつ、社会福祉を国民の生活権保障の施策として捉えた。そして社会福祉の対象拡大とニーズの変化をふまえた上で、社会福祉政策形成における社会福祉運動と社会福祉実践における社会福祉労働の意義を重視する。

一番ヶ瀬はその著『現代社会福祉論』（1971年）において、次のように述べている。

　社会福祉の領域を生み出す基盤となった社会福祉の「政策対象」、つまりその基底にある生活問題・社会問題の具現化とそれに応ずる「政策の位置」の追求、また「政策主体」である国家独占資本主義のもとでの権力がどう対応するかということ、その政策主体と対象との媒体となる具体的な状況での「実践者の位置と機能」及びその「具体的展開」の検討、そして「政策の位置」を上・下する「運動」の意味と機能の把握が、全体的に把握されることが必要なのである。それはいいかえれば、対象者からの政策批判と、より生活権を実体化するための形成方向と要点を、生みだすためにも、当然のことであるといえよう[19]

このように社会福祉の枠組みを設定した一番ヶ瀬は、資本主義社会の法制に基づく社会福祉の生成過程、実態の検証、社会福祉の中に存在する具体的法則性と課題の把握、そしてそれらを社会福祉の実践活動の立場において再構成す

ることの重要性を提唱した[20]。この一番ヶ瀬の理論は、孝橋理論の発展的形態として理論と実践の両面において当時、大きな共感をよんだ。

一方、真田は論文『社会福祉理論研究の課題』(1971年) において、次のように述べている。

　資本主義のもとで社会福祉が登場するためには、まず社会福祉の対象がなくてはならない。社会福祉の対象は、社会問題としての生活問題である。また、社会福祉を行う主体がなければ社会福祉は登場しない。社会福祉を行う主体は資本主義国家であり、政策主体とよばれてきた。(中略) 国民の社会福祉要求と運動が政策主体の政策に影響を与える。資本主義のもとでの社会福祉の存立構造の基本骨格は、対象−運動−政策主体の三元構造ということができる。三元構造は、社会福祉の現実を階級関係からとらえ、階級間の力動関係からとらえるのであり、政策論としての社会福祉論には不可欠のものである[21]

こうした真田の対象−運動−政策主体という三元構造は、資本主義の下での社会福祉の変化、発展のメカニズムを、分かりやすく解明したものである。そして社会福祉理論に階級闘争の観点を導入し、社会福祉労働の位置づけと意義づけを図ったものである[22]。この真田理論は当時の社会福祉状況を背景に、実践現場から多くの支持を得た。

しかし1980年代に入って、ソヴィエト体制崩壊に伴うマルクス主義の陰りとともに、一番ヶ瀬、真田らの新政策論は、孝橋の政策論同様、その影響力を失っていった。

Ⅲ　低成長と福祉見直し期 (1980年代〜1990年)

この時期は社会主義体制の崩壊、低経済成長、財政危機、高齢社会の進行を

背景に、新自由主義の影響の下、福祉見直しや福祉改革論が展開される時期である。ここでハイエク（F. Hayek）やフリードマン（M. Friedman）が主張する新自由主義とは、「大きな政府」のケインズ主義に対抗して、「小さな政府」を旗印に政府の活動領域を規制し、自由な経済市場の展開を基軸にする思想である。したがって、この新自由主義の潮流により、これまでの福祉国家路線は大きな危機と揺らぎに直面することになった。こうした状況を背景に社会福祉「経営論」が登場した。なお、この時期に福祉専門職養成のための社会福祉士及び介護福祉士法が制定され、さらに在宅福祉や市町村重視を掲げて、福祉関係八法改正が行われた。

社会福祉の経営論（三浦理論）

1980年代に入り、国の「福祉改革」を推進する立場で、三浦文夫[23]は社会福祉経営論を提唱した。三浦によれば本来、次元の異なる政策論・技術論に関するこれまでの論争は非生産的であるとした。そして社会福祉の政策に焦点を合わせ、その政策の形成・管理・運営をいかに図るかが重要であるとした。三浦はその著『社会福祉政策研究』（1985年）において、次のように述べている。

> 社会福祉をどう捉えるかについては種々意見があるにしても、それは社会的に援護が必要と考えられる人びと（＝要援護者、またはニードを持つ人びとneedy）の自立を妨げている問題（ニード）の充足を図るという機能を持つものであろう。そう考えると社会福祉経営論は、その基礎には、社会福祉が目的とする人間の自立と社会的統合が妨げられている社会福祉ニードがどのようなものであり、そしてそのニード充足に必要な方法はどのようなものであるのかということの検討が不可欠であるということになるのである[24]

こうして三浦は「福祉改革」の時代に即した形で、社会福祉のニード・サービス論やサービス供給論を展開した。ニード・サービス論では貨幣的ニーズか

ら非貨幣的ニーズの移行に伴い、サービスも金銭給付サービスから対人福祉サービスに移行するとした。またサービス供給論では、公共的福祉供給システム（行政型・認可型）と非公共的福祉供給システム（市場型・参加型）の複合的供給システムを提唱した。福祉政策の実務に携わる関係者に受容されやすい三浦の理論は、1980年代後半以降の社会福祉の政策展開をリードしていくことになった。しかし反面、政策を所与のものとして捉え、各種計画策定への積極的関与の方向性を示したことにより、政策批判の視点を失わせることになったことは否めない。

Ⅳ　グローバル化と格差進行期（1990年代～現在）

　1990年代初頭のバブル崩壊、グローバル化の進行により、企業ではサバイバル戦略が採られ、人件費削減と非正規雇用が推進されることになった。そのために雇用不安、格差拡大、そして貧困問題が顕在化してきた。こうした中、社会福祉においては1990年代後半から社会福祉基礎構造改革が進行し、戦後社会福祉の制度的基本枠組みであった措置制度が契約制度へと移行し、サービス供給体制の「パラダイム転換」がなされた。そして2000年以降には社会福祉法や介護保険法、障害者自立支援法が施行され、地域福祉の時代に入った。また社会福祉士及び介護福祉士法の一部改正も行われた。他方で新自由主義の下、小泉内閣の「聖域なき構造改革」により規制緩和と民営化が強力に推進され、中所得層の分解による国民生活における格差が拡大した。

　なおこの時期に、相次ぐ福祉系学部・学科の増設という福祉系大学のバブル現象[25]が生じ、社会福祉士・介護福祉士の専門職養成教育が進行するとともに、ソーシャルワーク論やケアワーク論が隆盛をみることになった。いわゆる「技術論」の復権[26]である。

　しかし社会福祉の理論においては、1990年代以降「グランドセオリー不在」の時代が続いた。そうした中で、2000年前後から古川孝順による精力的な理論

構築がすすめられた。

社会福祉のL字型構造（古川理論）

　古川孝順[27]は、社会福祉理論研究についての世代意識が濃厚である。第１期の研究者を第一世代、第２期、第３期の研究者をおおむね第二世代、そして自分たちを第三世代と位置づけた。この世代は大学で、学として確立しつつあった社会福祉学を学んだ世代であるが、社会福祉学の新たなる構想・建設作業に、どこまで意識的に関わってきたか疑問であるとした[28]。そして古川はその著『社会福祉原論［第２版］』（2005年）で、「こんにちの社会福祉は、一般社会サービスを代替補充するという側面を持ちつつも、多様な領域において固有の視点、対象、課題、主体、そして援助の方法をもって展開されており、それらの特徴の総体において、社会福祉は社会サービスというそれを含むより包括的な施策群の中で独自固有の特質を持つ施策として存立するようになっている」としてL字型の社会福祉状況の概念図を示し、「縦の部分は社会サービスを構成する個々の施策を示している。そうした中で、社会福祉は縦棒の部分に加え、他の施策と重なりあう横棒の部分とを持っている。横棒の部分は社会福祉が一般社会サービスにたいして代替したり、補充したりしていることを示している。われわれは、このような社会福祉のみにみられる特有の構造を『社会福祉のL字型構造』とよぶことにしたい」[29]と、「社会福祉のL字型構造」を提起した。

　このように古川は21世紀の拡大・多様化した社会福祉状況をL字型の図式化により説明し、社会福祉の固有性と補充性の領域を明示化している。さらに古川は社会福祉のシステム構成と機能についても論及し、制度システムを媒介として政策システムと援助システムの統合化を図ろうとしている。この理論は現代の社会福祉状況の全体把握、および「政策論」と「技術論」の統合化を試みる展開構成といえる。グランドセオリー構築に向け、さらなる理論的精緻化が期待される。

V　社会福祉理論研究のいくつかの課題

　1980年代以降の社会福祉はグローバル化、新自由主義の国際的潮流の中、めまぐるしく変転、複雑多様化してきている。とくに1990年代後半以降は社会福祉基礎構造改革に伴う措置から契約制度への転換、民間営利事業者の参入、競争原理、第三者評価と苦情対応制度、そしてワークフェアの導入などにより、それまでの社会福祉のあり方から大きく転換した。これらの変化を社会福祉理論研究として、どう捉えるかが課題といえる。

　さらに社会福祉士・介護福祉士法や精神保健福祉士法の施行により大学では専門職養成が主要な課題となり、カリキュラムの上でもソーシャルワーク論やソーシャルワーク演習・実習が重視されるようになった。このことからソーシャルワークが社会福祉そのものであるという考え方も出てくるようになった。他方で、社会福祉の歴史に関する専門科目が国家試験科目にないということで、1990年代以降の新設校では当初から開講していないところが多い[30]。そして今、国家試験科目の出題基準項目や教科書内容に沿って、画一的な授業が福祉系大学で実施されている。このような社会福祉士養成と国家試験科目に偏重した社会福祉教育の状況を、社会福祉理論研究として、どう捉えるかも課題である。

　星野信也は、わが国の社会福祉学について「失われた半世紀」であるとしている。すなわち、政策・行政と実践・臨床の両方を内包させたまま、独立学問領域としての固有性を主張しているものの、実態としてイギリスのソーシャルポリシーとアメリカのソーシャルワークを、中途半端に折衷していると述べている。そしてソーシャルポリシーとソーシャルワークを分離することが国際標準であると提起している[31]。この国際標準をどう捉えるかも社会福祉理論研究の課題である。

■おわりに■

　ここまで戦後から現在に至るまでの社会福祉理論の系譜をみてきた。「政策論」「技術論」に始まり、「固有論」「統合論」「運動論」「経営論」、さらには「L字型構造論」と社会福祉状況の時代的変化に対応する理論構築が、幾人かの研究者によりなされてきた。

　1970年代までの福祉国家形成期までは、次々と社会福祉理論が提起され、また活発な論争も展開され、グランドセオリーの華やかな時代であった。しかし1980年代以降になると、新自由主義とグローバル化の大きな潮流の中で、福祉国家は揺らぎを示し、社会福祉状況も大きく変化し始めた。これに伴い、それまで盛んに論じられてきた「社会福祉とは何か」についての理論展開が、影を潜めるようになってきた。社会福祉理論の停滞とグランドセオリー不在の時代である。

　複雑多様化した現代の社会福祉状況は、その理論における全体的把握と構造・機能解明を困難ならしめ、一方で、社会福祉各領域における研究のミクロ化、専門閉塞化とともに、拡大化をも招来せしめた。社会福祉研究はいわゆる「中心なき拡散」[32]の現象を呈しているといわれている。そして今、すでに解決されたかにみえた社会福祉の根本課題である貧困が、再び国民の間に急速に拡大してきている。こうした状況にあって、現実の社会福祉状況を理論的に的確に分析・把握し、その上で政策・制度・技術を総合的に貫通する社会福祉理論の構築が、真に求められるところである。

【引用文献・注釈】
1）宮田和明「戦後社会福祉理論の形成と展開」阿部志郎・右田紀久恵他編『戦後社会福祉の総括と二一世紀への展望—Ⅱ思想と理論—』ドメス出版、2002、p.135
2）関西在住の研究者たちにより『大阪社会福祉研究』誌上で、政策論と技術論をめぐって展開された論争である。両論平行で理論的にも深化しなかったが戦後の論争史の出発点となった。

3）孝橋（1912～99）は神戸市で生まれ、京都帝国大学経済学部を卒業後、財団法人協調会に勤務した。その後大阪府立産業医学研究所を経て、大阪社会事業学校（後の大阪府立社会事業短期大学）、龍谷大学、東洋大学、佛教大学で社会事業や社会政策に関する研究・教育に従事した。
4）孝橋正一『全訂　社会事業の基本問題』ミネルヴァ書房、1962、p.24
5）岡村重夫・木田徹郎・孝橋正一・一番ヶ瀬康子　座談会「社会福祉の現代的課題—科学的体系化をめざして—」『社会福祉研究』Vol.3、鉄道弘済会、1968
6）竹内（1895～1980）は京都市で生まれ、同志社中学卒業後、三菱造船に勤務した。その後、渡米してオベリン大学大学院を修了し、フィールドワークとして各種相談事業、共同募金活動等に参加した。帰国後、神戸女学院、同志社大学を経て、関西学院大学で研究・教育に従事した。
7）竹内愛二『専門社会事業研究』弘文堂、1959、p.91
8）岡村（1906～2001）は大阪市で生まれ、東京帝国大学文学部倫理学科を卒業後、内閣調査局に勤務し、その後、陸軍大学教授となり『戦争社会学研究』中川書房、1943　を著す。戦後、社会福祉研究に転じ、大阪市民生局嘱託を経て、大阪市立大学、関西学院大学、佛教大学で研究・教育に従事した。
9）岡村重夫『全訂　社会福祉学（総論）』柴田書店、1968、p.139
10）古川孝順「岡村社会福祉学に学ぶ」松本英孝・永岡正己他編『岡村理論の継承と展開第1巻　社会福祉原理論』ミネルヴァ書房、2012、p.282
　　古川によれば、後世に残る社会福祉理論は孝橋理論と岡村理論の2つとしながらも岡村理論では「社会制度のありようを規定する社会総体とその運動をとらえるための視点や枠組み、さらに言えばそれを歴史的、社会経済的な社会構成体としてとらえる視点や枠組みが準備されていない」と指摘している。
11）木田（1902～71）は広島市で生まれ、東京帝国大学文学部社会学科を卒業後、中央職業紹介事務局に勤務し、以後、内務省で職業行政を担当し『職業対策』常磐書房、1940　を著す。戦後、東京都民生局、厚生省を経て、日本社会事業大学理事・学監・教授に就任するとともに、社会福祉研究に従事した。
12）木田徹郎「社会福祉の科学的体系化とその問題の分析」同編『改訂社会福祉概論—実践としての社会福祉の理論的体系化—』新日本法規出版、1971、p.25
13）嶋田（1909～2003）は金沢市で生まれ、同志社大学文学部神学科社会事業学専攻を卒業後、同学部の助手として勤務した。賀川豊彦に師事し、その影響を受け、協同組合運動にたずさわる。戦後、シカゴ大学に留学、その後同志社大学で教授として長年、社会福祉の研究・教育に従事した。
14）嶋田啓一郎『社会福祉体系論—力動的統合理論への途—』ミネルヴァ書房、1980、p.94
15）竹中（1898～1959）は主著『社会福祉研究』関書院、1950、pp.61-65　において、キリスト教的社会民主主義の思想の下、社会福祉を社会主義社会確立の要素として位置づけた。竹中は長崎県平戸で生まれ、同志社大学神学部を卒業後、渡米しロチェスター神学校、シカゴ大学で学ぶ。帰国後、同志社大学で社会福祉の研究・教育に従事し、晩年、参議院議員となった。
16）嶋田の「力動的統合理論」をめぐって1970年前後の数年間、孝橋との間で展開された論

争である。
17) 一番ヶ瀬（1927～2012）は東京都で生まれ、日本女子大学家政学部第三類（社会事業学科）を卒業後、紡績工場の女子寮舎監として勤務し、婦人問題、婦人労働に関心を強めた。その後、法政大学大学院を修了し、日本女子大学にて助教授、教授として社会福祉の研究・教育に従事した。
18) 真田（1928～2005）は静岡県伊東市で生まれ、東京大学文学部社会学科を卒業後、大阪府立社会事業短期大学、愛知県立女子大学を経て長らく立命館大学で社会福祉の研究・教育に従事した。
19) 一番ヶ瀬康子『現代社会福祉論』時潮社、1971、p.61
20) 一番ヶ瀬康子「はしがき」『社会福祉事業概論』誠信書房、1964
21) 真田是「社会福祉理論研究の課題」『社会福祉研究』Vol.9、鉄道弘済会、1971
22) 真田是「福祉労働と福祉運動」野久尾徳美・真田是編『現代社会福祉論―その現状と課題―』法律文化社、1973、pp.234-235
23) 三浦（1928～2015）は東京都で生まれ、東京大学文学部社会学科卒業後、社会保障研究所に勤務し、その後、日本社会事業大学、さらに武蔵野大学で社会福祉の研究・教育に従事。
24) 三浦文夫『社会福祉政策研究―社会福祉経営論ノート―』全国社会福祉協議会、1985、p.45
25) 社会福祉士養成の四年制大学が1991年には39校、1997年には61校、2001年には86校、そして2011年には199校に激増している。
26) 岩崎晋也「社会福祉原論研究の活性化に向けて」岩田正美監、岩崎晋也編『社会福祉とは何か―理論と展開―』日本図書センター、2011、p.12
27) 古川（1942～）は佐賀市で生まれ、日本社会事業大学社会福祉学部卒業、東京都立大学大学院修了後、日本社会事業大学、東洋大学で助教授、教授として社会福祉の研究・教育に従事。
28) 古川孝順『社会福祉学の方法―アイデンティティの探求―』有斐閣、2004、p.2
29) 古川孝順『社会福祉原論［第2版］』誠信書房、2005、p.74-75
30) 社会事業史学会第6回大会実行委員会（文責　松本園子）「社会福祉専門教育における歴史関係科目の現状」『社会事業史研究』Vol.32、社会事業史学会、2005、pp.91-92によれば社会事業学校連盟校で2003年9月現在、開講しているところは47.9％で半数に過ぎず、これを学校創設年別でみると1990～2000年創設の加盟校では67.5％と3分の2以上が開講していない。ちなみに1960～70年では33.3％で3分の1であった。
31) 星野信也「社会福祉学の失われた半世紀」前掲書26)、p.114
32) 日本社会福祉学会第59回春季大会「いま社会福祉原論に求められていること」趣旨（2011年）の中で、「近年では、社会福祉原論研究は、一部の研究を除けば停滞していると言わざるを得ない状況にある。その一方で、社会福祉基礎構造改革以降の社会福祉の『普遍化』は研究対象領域の拡大をもたらし、さまざまなディシプリンから社会福祉研究への参入がなされ、社会福祉研究は『中心なき拡散』を示している」と述べている。

【参考文献】
- 仲村優一・一番ヶ瀬康子他監、岡本民夫・田端光美他編『エンサイクロペディア社会福祉学』中央法規出版、2007
- 日本社会福祉学会編『社会福祉学研究の50年―日本社会福祉学会のあゆみ―』ミネルヴァ書房、2004
- 一番ヶ瀬康子・大友信勝他編『戦後社会福祉教育の五十年』ミネルヴァ書房、1988
- 日本社会事業大学編『社会福祉システムの展望―日本社会事業大学創立50周年記念論文集―』中央法規出版、1997
- 阿部志郎・右田紀久恵他編『戦後社会福祉の総括と二十一世紀への展望』ドメス出版、2002
- 岩田正美・武川正吾他編『社会福祉の原理と思想』有斐閣、2003
- 室田保夫編『人物でよむ社会福祉の思想と理論』ミネルヴァ書房、2010
- 真田是編『戦後日本社会福祉論争』法律文化社、1979
- 吉田久一『日本社会福祉理論史』勁草書房、1995
- 吉田久一・岡田英巳子『社会福祉思想史入門』勁草書房、2000
- 松井二郎『社会福祉理論の再検討』ミネルヴァ書房、1992
- 古川孝順『社会福祉のパラダイム転換―政策と理論―』有斐閣、1997
- 松本英孝『日本の社会福祉学―岡村重夫とその批判者たち―』三学出版、2002
- 小田兼三・杉本敏夫編『社会福祉概論』勁草書房、2006

第 9 章

韓国における貧困政策の歴史的展開

■はじめに■

　本章では韓国における貧困政策の歴史を論述する。まず李氏朝鮮時代までの貧困政策の前史から始まり、次に日本による植民地統治下における恩賜賑恤資金窮民救助規程、朝鮮救護令、続いて植民地解放後の生活保護法の変遷、そしてIMF経済危機後の福祉国家体制において画期的な制度となった国民基礎生活保障法、さらにワーキングプア対策としての社会的仕事事業や社会的企業について順を追って論述していく。

I　貧困政策の前史

　韓国における貧困政策は、すでに三国（新羅・高句麗・百済）時代のAD１世紀頃から始まったとされる。すなわち四窮とよばれる鰥（かん：年老いた男やもめ）、寡（か：夫のいない年老いた女）、孤（こ：父母のいない幼い子ども）、獨（どく：子孫のいない老人）に対する救済事業である。

つづく高麗時代（936～1393年）には、仏教が盛んとなり、その慈悲の精神に基づく民間の慈善事業が行われた。

　そして李氏朝鮮時代（1393～1897年）に入ると、儒教精神の下、王道政治が展開された。そこでは飢餓である民を生み出すのは統治する王の責任であるとし、またその王の下で地方を治める地方官吏の責任も厳しく問われた。そしてこの時代には、災害等の非常事態に備える備荒制度（常平倉、義倉、社倉の三倉）、四窮の保護を中心とする救荒制度、伝染病患者の救療を主体とする医療救済事業に三分される救済事業が中央集権的に展開された[1]。しかしこの時代の後期になると王朝の疲弊、衰退により、救済の精神や体制は次第に崩壊していった。

　李氏朝鮮時代末期の19世紀後半になると、日本をはじめとする列強の帝国主義の嵐に翻弄され、社会情勢も著しく混乱してくるが、他方で外国人による慈善事業が行われるようになった。カトリックやプロテスタントの欧米の宣教師、あるいは日本の仏教関係者や日本人による慈善事業である。もちろん韓国人による慈善事業も独自に行われた。

　そして李氏朝鮮から大韓帝国（1897～1910年）を経て、朝鮮王朝は消滅し、日本に併合（1910年）された。

Ⅱ　恩賜賑恤窮民救助規定の制定

　日本で救護法の制定（1929年）前に恤救規則が制定（1874年）されたのと同様に、韓国でも朝鮮救護令の制定（1944年）前に恩賜賑恤資金窮民救助規程が制定（1916年）された。この規程は1915年の大正天皇即位の大礼に際し、皇室の内帑金20万円が賑恤費として朝鮮に支出されたのを契機に、1916年に制定されたものである[2]。この規程内容は日本の恤救規則に対応したもので、同様に日本の植民地統治下にあった台湾においても台湾窮民救助規程（1899年）が制定されている。

第9章　韓国における貧困政策の歴史的展開

この規程の救済対象は次の6種類である。すなわち、独身で自活能力がなく頼るべき親族もない、①廃疾者、②不具者、③重病者、④満60歳以上の老衰者、⑤独身でなくとも前項の①から④に該当し、家族が老幼・疾病・廃疾・不具または失踪・逃亡・在監等により給養を受けることのできない者、⑥家族が老幼・疾病・廃疾・不具または失踪・逃亡・在監等によって給養を受けることができない13歳未満の者としている[3]。日本の恤救規則に比べ、対象に不具者を加え、また年齢を60歳に引き上げているところに特色がある。

Ⅲ　朝鮮救護令の制定

日本における救護法は1932年から実施されたが、これに遅れて1944年に朝鮮救護令が制定された。

なおこのことと関連して、日本における方面委員制度は1917年の岡山県済世顧問制度、翌年の大阪府方面委員制度を嚆矢として、1920年頃には全国に普及し、救護法の制定に大きな原動力となり、制定後は救護法の実務の担い手となった経緯がある。そしてこの方面委員制度は、同じく貧民対応の制度として日本の植民地統治下にあった台湾で1923年、朝鮮では1927年に設置をみている。

さて朝鮮救護令制定の背景には、徴兵制実施を主とした戦時総動員体制がある。すでに朝鮮救護令制定に先立つ1942年5月に、朝鮮に対する徴兵制施行が日本の国会で決議され、1944年4月から朝鮮青年に対する徴兵検査が実施されている。こうした状況の中で、①戦時下国民生活の借調保持、②徴兵制度に対応する強兵培養、人的資源の涵養、③朝鮮における国体本義の透徹に基づく道義の確立を目的として朝鮮救護令が制定されたのである[4]。

また当時、全日本方面委員連盟常務理事であった原泰一も朝鮮における救護法施行について「寧ろこの大東亜戦争下に於いてこそ、方面事業を拡張強化しなければならぬと思ひますから、今日こそ一番いい時期ではないかと考へて」いると述べている[5]。そこでは貧民救済よりもむしろ皇民化政策に基づく内鮮

一体による戦争遂行のために、朝鮮における救護法実施が喫緊の課題とされたといえる。

　この朝鮮救護令の対象者は、貧困により生活することのできない、①65歳以上の老衰者、②13歳以下の幼児、③妊産婦、④不具廃疾、疾病、傷痍その他精神、または身体の障害により勤労能力のない者と定められている（第1条）。さらに対象者となるためには扶養義務者の扶養能力基準をみたさなければならないとされている[6]。

　朝鮮救護令の内容については、日本の救護法にすべて倣ったものであった。ただ相違点は地方および救護施設の費用負担に関する国庫補助率、邑面（日本の町村にあたる）の国庫補助率を日本よりも低く抑えてもよいという規定を有していた点であった[7]。

Ⅳ　独立後の社会福祉の発展

　1945年に第二次世界大戦が終了し、朝鮮は日本の植民地統治から解放された。しかし朝鮮半島は南北に分断され、まもなく金日成に率いられた北朝鮮（朝鮮民主主義人民共和国）が、アメリカ軍政（1945～48年）を継承した李承晩政権（1948～60年）の韓国（大韓民国）に侵入し、朝鮮戦争（1950～53年－休戦）が勃発した。そして休戦後の韓国は南北対立という緊張関係にありながら、国家としての体制を急速に整えていった。

　独立後の韓国の社会福祉の発展は次のように4期に分けることができる[8]（表9-1）。

　第1期（1945～60年）はアメリカ軍政期、朝鮮戦争、そして李承晩政権下にあって、戦後復旧を遂げていく段階である。この頃の社会福祉はアメリカを中心とした外国援助による救護中心の対応であった。

　第2期（1960～87年）はとくに朴正熙の権威主義的な軍事政権（1961～79年）の下、韓国が急速に戦後復興、高度経済成長を遂げていく段階である。この時

第9章　韓国における貧困政策の歴史的展開

表9-1　独立後の韓国における社会福祉の発展

第1期（1945〜60） 　アメリカ軍政期（1945〜48）、朝鮮戦争（1950〜53—休戦）を経て復旧の時代 　李承晩政権時代（1948〜60） 　アメリカを中心とした外国援助による救護中心の社会福祉
第2期（1960〜87） 　権威主義的な軍事政権の下、戦後復興と高度経済成長の時代 　朴正熙政権時代（1961〜79） 　生活保護法（1961）、児童福利法（1961）、医療福祉法（1963）、社会福祉事業法（1970）、老人福祉法（1981）、障害者福祉法（1981）、生活保護法改正（1982） 　アメリカ援助の打ち切り（1971）、セマウル労賃事業（1973）
第3期（1987〜97） 　民主化大闘争と民主化宣言（1987）、福祉国家基盤形成の時代 　盧泰愚政権（1988〜93）・金泳三政権（1993〜98）時代 　ソウルオリンピックの開催（1988）、参与連帯（1994）、OECD加入（1997） 　国民年金法（1988）、医療保険の皆保険化（1989）、雇用保険法（1993）、社会保障基本法（1996） 　社会福祉事業法改正による社会福祉専担公務員規定と職列規定（1992） 　生活保護基準違憲訴訟（1994）、社会保障基本法（1995）、生活保護法改正（1997）
第4期（1997〜現在） 　IMF経済危機（1997）の克服、福祉国家の成立と発展の時代 　生産的福祉・参与福祉・訪問福祉の時代、地域福祉型社会福祉展開の時代 　金大中政権（1998〜2003）・盧武鉉政権（2003〜2008）・李明博政権（2008〜）時代 　国民基礎生活保障法（1999）、国民年金皆年金化（1999）、地域福祉推進のための社会福祉事業法改正（2003）、老人長期療養保険法（2008） 　公共勤労事業（1998）、社会的仕事事業（2003）、社会的企業育成法（2007） 　勤労奨励税制度（2008）

出所）野口定久「東アジア福祉社会の形成過程」『福祉国家の形成・再編と社会福祉政策』中央法規出版、2006、P.41の表を基に筆者が一部修正

期に生活保護法（1961年）、児童福利法（1961年）、医療保険法（1963年）、社会福祉事業法（1970年）、さらに老人福祉法（1981年）、障害者福祉法（1981年）が制定された。

　第3期（1987〜97年）は盧泰愚政権（1988〜93年）や金泳三政権（1993〜98年）時代の民主化の時代であり、ソウルオリンピックも開催（1988年）された。この時期は福祉国家基盤形成の時期であり、国民年金法（1988年）、医療保険

の皆保険化（1989年）、雇用保険法（1993年）、社会保障基本法（1996年）が制定された。

そして第4期（1997年〜現在）は金大中政権（1998〜2003年）の下、IMF経済危機（1997年）を乗り越えて韓国が福祉国家を成立させ、発展させていく時代である。この時期に国民基礎生活保障法（1999年）が制定され、国民年金皆保険（1999年）が実施されている。また社会福祉事業法が改正（2003年）され、そこでは基礎自治体への権限委譲や地域福祉の推進が規定された。さらに急速な高齢化に対応して、日本の介護保険法に相当する老人長期療養保険法（2008年）が施行された。この時期は金大中政権から盧武鉉政権（2003〜2008年）を経て、現在の李明博政権（2008年〜）に至るまで、まさに地域福祉型社会福祉の展開期でもある。

そしてこれらの時代変遷とともに、貧困政策の基本法である生活保護法も制定、改正の変遷を経ている。

　　付記　李明博政権（2008〜2013年）を引き継いだ朴槿恵政権（2013年〜）も地域
　　　　福祉型社会福祉の展開期に位置する

V　生活保護法の制定と改正

1．1961年制定の生活保護法

1961年に軍事クーデターにより登場した朴正煕政権は、公的扶助の基本法として生活保護法を制定した。これにより近代的意味の公的扶助の法的根拠がつくられ、生活保護制度の形態が確立した。なおそれまでの公的扶助はアメリカによる食糧援助に基づく朝鮮救護令が援用されていた[9]。

この法は、老齢、疾病その他勤労能力の喪失のために、生活維持能力のない者等に対する保護とその方法を規定し、もって社会福祉の向上に寄与すること

を目的とした（第1条）。そして法の対象者は、扶養義務者がなく、または扶養義務者があっても扶養能力のない、①65歳以上の老衰者、②18歳未満の児童、③妊産婦、④不具、廃疾、傷痍その他精神または身体の障害により勤労能力のない者、⑤その他保護機関が本法による保護の必要を認める者である（第3条）。保護の水準は健康で文化的な最低生活が維持できること（第4条）としている。そして保護の種類は、①生計保護、②医療保護、③解産保護、④葬祭保護の4種類である。さらに法的用語としては要保護者、被保護者、保護機関等が使用されている[10]。なお生計保護は金銭支給を原則としたが、主食は1995年改訂まで現物支給であった[11]。

この法では、高齢者や障害者などの労働能力のない人のみを保護対象とする選別的な制度であること、また韓国の伝統的な家族主義に基づき扶養義務規定が強いこと、などが問題として挙げられる。

なお国はこの生活保護法の施行とともに、労働能力を有する生活困窮者（主として農民）に対しては零細民として規定し、就労を義務づけ、食糧（小麦粉）の現物支給による自活勤労事業を実施している[12]。そしてこの食糧はアメリカによる無償援助に全面的に依拠していた。この零細民を対象とする就労事業は援助打ち切り（1971年）後、大統領の特別指示により1973年からセマウル労賃事業として存続していく[13]。

この時期（1960～70年代）の貧困政策は、いわゆる救護政策として非労働能力者を対象とする生活保護法と労働能力者を対象とする自活勤労事業の2本立てで対応していた。

2．その後の生活保護法の改正

1982年に生活保護法が改正され、法の目的が変更となった。すなわち生活を維持する能力がなく生活が困難な者に保護を行い、その最低生活を保障し自活を助成することにより、社会福祉の向上に寄与する（第1条）こととなった。ここで自活という用語が登場し、保護の種類に自活保護が新設された[14]。これ

により労働能力がある者にも部分的に支援が実施される法的根拠が設けられた。そして翌1983年には施行令が改正され、自活保護の一環として就労事業が実施されることになった。

1994年2月に生計保護基準違憲訴訟（いわゆる生存権保障裁判）が提起され、それが導火線となって、翌年、社会保障を国民の権利とする社会保障基本法が制定されるが、生活保護においても1996年の市民団体の請願により、翌年に生活保護法の改正が行われた[15]。

なお1980年の憲法改正では、基本的人権に関して幸福追求権が付加され、さらに1987年の改正では、それまで生活保護法に類似規定されていた生存権がはじめて、「すべての国民は人間らしい生活をする権利を持つ」（憲法第34条）として規定されている[16]。

1997年の生活保護法改正では、保護の対象者の範囲が拡大された。すなわち、①障害者のみならず、疾病・事故等により勤労能力を喪失した者が対象に加えられたこと、②扶養・養育・看病の理由で生活が困難な者が対象に加えられたことである[17]。

また同じく1997年改正では、扶養義務者の範囲も変更された。すなわち「保護対象者を扶養すべき責任ある者」（1982年改正法第2条第4項）から「保護対象者を扶養すべき責任がある者として、保護対象者の直系血族およびその配偶者、生計を共にする2親等以内の血族」（1997年改正法第2条第4項）へと扶養義務者の範囲が縮小された[18]。

さらに1997年改正では、最低生計費という用語が登場した。最低生計費とは国民の健康で文化的な最低限の生活費用として、保健福祉部長官が毎年その金額を公表するもの（1997年改正法第2条第5項）で、それは一般国民の所得・支出水準と保護対象者の生活実態、物価上昇等を考慮する（同法第5条の2第1項）ものとされた[19]。

そして保護の種類は、①生計保護、②医療保護、③自活保護、④教育保護、⑤解産保護、⑥葬祭保護の6種類とされた（同法第7条）。ここで自活保護については、自活支援をより充実すべく、実際に自活支援を行う機関を自活後見

機関として置くことを明記した[20]。

　なおすでに1991年に生活保護事業は、それまでの職権保護から申請保護制度に転換され、推定所得制度の導入により、保護対象者の選定に客観性を期することにした。さらに生活保護業務に従事する社会福祉専門要員の職務および運営管理に関する規定を制定し、1992年12月には社会福祉事業法を改正し、社会福祉専担公務員規定および社会福祉職列規定を新設した[21]。

　こうして生活保護法の対象や内容が、より近代的な法体系へと変化した。この時期（1980～90年代）になって、貧困政策も社会保険（年金・医療・雇用保険等）体系整備による貧困予防と生活保護による最低生活保障の組み合わせが展望され、かつ具体化してきたといえる[22]。

Ⅵ　国民基礎生活保障法の制定

1．法制定の背景

　1999年9月に国民基礎生活保障法（以下「基礎法」）が制定された。この法の最も大きな特徴は、制限扶助主義から一般扶助主義へ、すなわち選別主義から普遍主義への転換である。これまでの生活保護法では、労働能力のある者とない者を区分し、18歳未満の児童と65歳以上の高齢者や障害者など、労働能力のない者のみを対象としていた。ところが基礎法では労働能力の有無、年齢に関係なく、最低生計費以下のすべての世帯に生計費支援が行われるようになったのである。このような基礎法改正の背景には、大きく分けて3つの要因が挙げられる[23]。

　第1に直接の要因として、1997年以降のIMF事態とよばれる経済危機がある。これにより企業倒産やリストラが進行し、大量失業やホームレスの急増など貧困層の拡大といった社会状況が出現した。しかしそれまでの生活保護制度は、これら労働能力のある者を救済しうる制度ではなかったことである。

第2には市民運動の高まりである。前述の生計保護基準違憲訴訟（1994年）に代表されるように、社会保障を国民の権利とすべく、386世代とよばれる当時30歳代（1960年代生まれ）の若者を中心とする市民団体が、インターネットの方法・技術を駆使して、国会請願・議員立法の運動を積極的に展開したことである[24]。とくに1994年結成の会員数4,000名を擁した市民団体「参与連帯」の役割が大であった。

そして第3に、金大中政権の「生産的福祉」パラダイムの導入である。金大中政権では、①福祉に対する国家責任の強調、②弱体化した中産層の強化と国民の生活不安への積極的対応、③雇用安定と雇用創出、失業者の生活安定と再就職のための労働者・資本家・政府による一致協力体制の取り組みを生産的福祉の目的とした[25]。

これらの3つの要因が基礎法の制定を促進したといえる。

2．基礎法の内容

基礎法の内容に関して、その大きな特徴は以下の諸点である。

第1点は、恩恵性から権利性への転換である。扶助を受ける者の権利が明確にされ、国家が国民の最低生計費以上の生活を保障するとした。そして用語においても「要保護者」が「受給権者」に、「保護機関」が「保障機関」に変更され、扶助を受ける者が保護客体者から権利主体者となった。

第2点は、選別主義から普遍主義への転換である。これについては前述の通り、労働能力の有無区分や年齢基準を廃止し、最低生計費以下のすべての国民を対象とするなど受給要件を単純化した。

第3点は、自活事業の新たな導入である。基礎法では労働能力の有無を問わず、最低生計費以下のすべての国民が受給権者となりうる。しかし労働能力のある者は「条件付き受給者」として自活事業への参加が義務づけられる。これは基礎法制定過程において、労働能力のある者にまで対象を拡大し、国家が彼らの生活を保障するとモラルハザードや貧困の罠に陥るのではないかという反

対意見があり、その妥協の産物として誕生したものである[26]。そして「勤労能力のある受給者には自活に必要な事業への参加を条件付けることができる」(第9条第5項)と規定し、履行しない場合に一時支給停止も可能とした(第30条第2項)。これにより労働連携福祉(ワークフェア)が本格的に導入されたことになる[27]。

第4点は、基礎法が提供する給与を「生計給与」「住居給与」「医療給与」「教育給与」「分娩給与」「葬祭給与」「自活給与」の7種類とし、給与は生計給与を基本にし、必要に応じて他の給与を併給するようにしたことである。

第5点は、基礎法では住居が一定でない受給権者の生活保障について、実際に居住する地域の市長・郡守・区庁長が行うことにした。また相談・調査・決定等の業務を遂行するために、社会福祉専担公務員を「邑・面・洞」事務所に配置することにした。なおこの社会福祉専担公務員は、社会福祉士の資格者の中から任用されることになった[28]。

これらのほかに、基礎法では扶養義務者の定義について1999年制定時は「受給権者の直系血族およびその配偶者、生計をともにする2親等以内の血族」であったのが、2004年改正では「受給権者の1親等の直系血族およびその配偶者、生計をともにする2親等以内の血族」になり、さらに2005年改正では「受給権者の1親等の直系血族およびその配偶者」となった[29]。そして1親等の直系親族は、受給権者の所得の130%以上あるときに扶養義務があるとされた[30]。このように扶養義務者の範囲が徐々に縮小し、受給権者の範囲が拡大してきたが、伝統的な家族制度の下で扶養義務者基準は依然として厳しいといえる。この扶養義務者基準のために本人に所得がなく、受給対象になるにもかかわらず受給できない人が多数存在することが報告されている[31]。

最低生計費については、保健福祉部長官が最低賃金のほか、国民の所得・支出水準と受給者の世帯類型等の生活実態、物価上昇等を勘案して決定し、3年ごとの調査を基に、毎年9月1日までに発表する(第6条)というように、客観的で合理的な決定方法となった[32]。

基礎法における申請窓口は、地域第一線の福祉機関である「邑・面・洞」事

務所である。事務所では申請書をいったん受け付け、書類内容の不備等を確認の上、「市・郡・区」の上位事務所にその書類を送付する。上位事務所では調査チームが設置されており、資産調査等を行い、要否を決定する。したがって「邑・面・洞」事務所は受け付けのみの事務である。そして上位事務所で受給権者の決定がなされた場合、そのケース管理は「邑・面・洞」事務所が行い、そこでは社会福祉専担公務員がソーシャルワークの業務を担うことになる。なお申請書の入手はインターネットでも可能である[33)]。

3．条件付き受給者

　ここで労働能力のある受給者としての「条件付き受給者」についてみてみよう。

　基礎法では生計給与受給者となった者の中から、①勤労能力の有無（18歳未満65歳以上の者、あるいは障害、疾病、負傷で勤労能力のない者、妊産婦等）、②世帯特性（養育、看病、保護の必要な世帯員を抱えている者、あるいは大学生）、③環境変化（入隊前、除隊、出獄、卒業から3ヶ月、あるいは病後回復3ヶ月）、④現在の就業状況（1日6時間以上で週3回以上勤労従事者）等の与件に照らして就業不能と判断された者を除外して「条件付き受給者」を確定する[34)]。これらは「邑・面・洞」事務所に配置されている社会福祉専担公務員が受給者との初期相談面接を通じて総合判定し、しかる後に「市・郡・区」が「条件付き受給者」と認定する。

　次に「条件付き受給者」は、社会福祉専担公務員によって自活類型化される。それは「自活支援計画」を立てることによってすすめられていく。計画樹立の基本原則は、「受給者世帯の特性・欲求把握および長期的自活方向の模索」に置かれる。そこで受給者の勤労能力の程度を評定（年齢、健康状態、職業履歴、学力の程度を点数表により分類）した上で、世帯与件や自活意欲を勘案し、世帯の生活来歴、貧困要因を総合的に把握し、社会診断が行われる[35)]。そしてこれらを基に、受給者の自活類型が決定される。

これにより「条件付き受給者」には類型別に自活事業プログラムが提示される。非就業対象者と類型化された場合には保健福祉部主管の自活事業プログラム、就業対象者と類型化された場合には労働部主管の自活事業に参加しなければならない。保健福祉部主管の自活事業は、各地方自治体に置かれる自活後見機関によって実施され、その自活後見機関の運営は、社会福祉法人など非営利法人と団体および個人などに委託される。自活後見機関では、その人の意志や労働能力に応じて、リハビリプログラムないしボランティア活動（まず自活への意志を励ます）、自活勤労（無料看護、住宅改修、リサイクルなどの労働を通して自活能力を高める）、自活共同体での保護雇用（自活を保障するために設立される自活共同体を通して労働市場に参加する）という進行段階を経て、自立ができるように支援する[36]。一方、労働部主管の自活事業には職業適応訓練、自活職業訓練、自活就業促進事業、創業支援などのプログラムがある。
　このようなプログラムを段階的に遂行して「条件付き受給者」は自活を目指していく。しかし現実には自活成功率が非常に低く、たとえ自活したとしてもワーキングプア（所得が最低生計費の150％以内）の生活水準と変わりがないという報告が出されている[37]。

4．自活事業

　基礎法で「条件付き受給者」が参加を義務づけられる自活事業については、前述のようにすでに生活保護法でも存在していた。そしてこの自活事業の支援機関として自活後見機関がある。これは社会福祉法人などの非営利法人、市民団体、宗教団体等で、地域福祉事業や自活事業に経験と実績のある機関が指定される。
　この自活後見機関の母体については、1970年代前後に始まるキリスト教聖職者や社会運動家等による都市スラム地域での、権威主義的国家体制に対して反発・抵抗した貧民運動の歴史があった。そこでは地域での住民組織化を通して地域センター活動が開始され、1980年代には貧民の生存権と生活向上を求めて、

有効かつ多様な方法・手段を地域で模索・創出した。その結果、1990年代には市場参入を目的とした生産共同体運動が本格化した[38]。

このような生産共同体運動は政府当局の研究対象ともなり、これが政策に取り入れられることになった。そして1996年には政府の支援を受けて全国に5ヶ所の自活支援センターが設置・運営された[39]。こうして反政府運動団体の事業が政府と連携することで、弁当製造、小規模住宅修理、看護人事業等、低い技術と少ない資本で運営される自活事業が脚光を浴びることになった。そして基礎法では、こうした自活事業を生産的福祉の要として位置づけることにしたのである。

このような貧民運動の歴史を持つ自活事業の基本理念が、基礎制度の中でどのように生かされ、また折り合いをつけられるかが課題である。さらにこれも基本理念に関連するが、自活事業に参加する「条件付き受給者」のモチベーションが低いという報告も出されている[40]。この点でも課題が残るところである。

5．次上位階層

2005年の基礎法改正で、所得が最低生計費の120％以内を「次上位階層」とする準貧困線が設定された[41]。すなわち基礎法第24条では「今後、基礎制度の受給権者となる可能性が高く、受給権者とほぼ同水準の生活をしているが、受給権者として保障されていない階層」と規定し、施行令36条では「受給権者ではない者で、実際所得が最低生計費の100分の120未満の者」と規定している。この階層は低所得層、いわゆるボーダーライン層である。そしてこの「次上位階層」には、自活事業への参加が希望すれば認められている。

ところが2006年の改正では、次上位者への給与に関して「保障機関が次上位者の世帯別生活状況を考慮し、給与の全部または一部を行うことが出来る」という項目が新設された（第7条第3項）。すなわち次上位者が受給権者となりうることが示されたのである。その場合には「条件付き受給者」となり、自活事業への参加が義務づけられる。しかし現実には国の予算の範囲内での一部給

与の支給となっている[42]。

このように基礎法がボーダーライン層である「次上位階層」にまで対象範囲を拡大したことは、それだけ貧困が拡大・蔓延化したともいえるが、他方で基礎法が貧困予防策として機能拡大したともいえよう。

Ⅶ 社会的仕事事業と社会的企業

1．社会的仕事事業

社会的仕事事業は2003年の盧武鉉政権時代に始められた。これは労働部の指針によると「社会的に有用であるものの収益性が低いために、市場で十分に供給されない社会サービス分野のうち、民間非営利団体により創出される仕事」とされている。すなわち社会的仕事事業とは、地域で民間非営利団体が社会的仕事を創出し、就業脆弱層に対して仕事を提供するものである[43]。

この社会的仕事事業の前身というべきものは、1998年から始まった公共勤労事業である。IMF経済危機の中で政府は国民基礎生活基礎保障法の制定を急ぐ一方で、失業対策として公共勤労事業を始めた。ここでは失業者を対象に民間部門が参入しない社会サービス分野で、短期の職を創出することに目的が置かれた。

この失業対策という応急的性格を持った公共勤労事業は、IMF経済危機を乗り越えた2000年代に入ると失業率も落ち着いてきたこともあり、その事業継続の意味が希薄化した。しかし一方で非正規雇用の急増という労働市場の二極化の中で、とくに女性、高齢者、障害者、低学歴者、長期失業者といった就業脆弱層の問題が深刻化してきた[44]。

そこでこれらの就業脆弱層の人たちに社会的に有益であるが、採算が不十分な介護・医療・教育等の社会サービス部門において、民間非営利団体が政府からの雇用助成金を活用して地域で仕事を創出し、就業させることが求められて

きた。このことにより社会的仕事事業が2003年に公共勤労事業に代わって誕生したのである。

　こうして生まれた社会的仕事事業であったが、政府への高い依存性、短期雇用、低賃金といった事業がほとんどであったために、まもなくその抜本的改革が求められた[45]。そこでヨーロッパにおける社会的企業制度の導入が論議され、試みに収益を生み、自立に導くモデルとして企業連携型を採用したところ、一定程度の成果を挙げた[46]。そしてこれが契機となって社会的企業制度の導入が具体化したのである。

2．社会的企業

　社会的仕事事業の経験と実績をふまえて、社会的企業育成法が2007年7月に施行された。

　この法は、社会的企業の設立・運営を支援・育成して、社会サービスを拡充し、新しい働き口を創出することによって、社会統合と国民生活の質の向上に努めることを目的としている（法第1条）。

　社会的企業の定義として「脆弱階層に社会サービスまたは職場を提供し地域社会に貢献することによって、地域住民の生活の質を高めるなどの社会的目的を追求しながら、財貨およびサービスの生産・販売や営業活動をする企業として認定を受ける者」（法第2条）と規定されている。すなわち社会的企業とは社会的目的を追求しながら営業活動を遂行する企業である。また社会的目的として、①脆弱階層への社会サービス提供、②脆弱階層への職場提供、③地域社会貢献の3つが挙げられている[47]。

　ここで「脆弱階層」とは、その具体的基準は、①世帯月平均の所得が全国世帯の60％以下である者、もしくは、②高齢者、障害者、性売買被害者、若年者、北朝鮮離脱住民、DV被害者、結婚移民、更生保護対象者等である（社会的企業施行令第2条）。なお従来の社会的企業の雇用対象が「脆弱階層」のみであったのに対して、2010年の法改正により一般の地域社会の者も対象となり、脆弱

階層の雇用比率が50％以上とされた[48]。

社会サービスについては「教育・保健・社会福祉・環境および文化的活動分野のサービスとして大統領令が決める分野のサービス」と規定されている（法第2条第3号）。そして大統領令が定める分野のサービスとは、①保育サービス、②芸術・観光および運動、③山林保存および管理サービス、④看病および家事支援サービス、⑤その他に雇用労働部長官が認めるサービスと規定されている（施行令第3条各号）。

このように社会的企業は、一定の収益をあげながら就業が困難な人々を雇用することを目的としている。それは民間企業のような利潤追求主義ではなく、かといってNPOのような採算を度外視した社会的目的追求の団体でもない。この社会的企業はソウルや都市部を中心に全国的に設立・運営され、いわゆる営業活動を展開している。問題点としては脆弱階層の雇用比率が高いこと、賃金水準が低位であること、非正規雇用者が多く、雇用不安要素が高いことなどが報告されている[49]。

グローバル化による貧困拡大化の中で急増するワーキングプアの有効な対策として、社会的企業の今後の展開が期待される。

■おわりに■

本章では韓国における貧困政策の歴史的な展開を概観してきた。韓国の学界では、IMF経済危機を乗り越えた後に福祉国家が成立したといわれている。それは貧困政策における著しい進展にもみられる。とくに基礎法は普遍主義とワークフェア政策を取り入れ、第三の道など社会政策の国際的潮流にも適合した方策を採用している。またワーキングプア対策として次上位階層、さらに脆弱階層の拡大設定を行い、国民生活のセーフティネットとして基礎法を基盤に社会的仕事事業や社会的企業制度を整備してきている。そして2008年には新しい制度として勤労奨励税制（EITC）が実施された。

こうした福祉国家成立後の韓国の貧困政策における一連の取り組みは、わが国の生活保護法改正や求職者支援制度制定など、セーフティネットのあり方にも多大な示唆を与えている。

【引用文献・注釈】
1）朴貞蘭『韓国社会事業史―成立と展開―』ミネルヴァ書房、2007、p.13
2）大友昌子『帝国日本の植民地社会事業政策研究―台湾・朝鮮―』ミネルヴァ書房、2007、pp.107-108
3）同上書、p.110
4）愼英弘『近代朝鮮社会事業史研究―京城における方面委員制度の歴史的展開―』緑蔭書房、1984、p.464
　1943年3月8日と9日の両日にわたって行われた各道社会事業事務担当者打ち合わせ会の席上での新貝司政局長の発言で①②③を強調した。
5）同上書、p.462
　1942年8月4日に開催された京畿道方面事業講習会における座談会での発言。
6）李美榮「「生活保護法」の変遷過程からみた韓国の貧困に関する研究」『まなびあい』立教大学コミュニティ福祉学部研究センター、2009、p.85
7）前掲書4）、p.470
　救護法では地方および救護施設の費用負担に関する国庫補助は2分の1であったのに対し、朝鮮救護令では2分の1「以内」とされ、また邑面（日本の町村）への国庫補助についても救護法では12分の7であったのに対し、朝鮮救護令では12分の7「以内」とされていた。
8）野口定久「東アジア福祉社会の形成基盤」同編『福祉国家の形成・再編と社会福祉政策』中央法規出版、2006、p.41、および小松理佐子「社会福祉制度・政策の日韓比較」同上書、pp.175-176の時代区分を参考にした。
9）金早雲「韓国の初期社会・生活行政をめぐる資料検証（その3）―『救護行政の改善のための調査研究』(1969)の分析―」『信州大学経済学論集』Vol.63、2012、p.241
10）金早雲「韓国・公的扶助の救護・保護から普遍的最低生活保障への転換―「福祉革命」の背景、実態および意義―」宇佐美編『新興工業国の社会福祉―最低生活保障と家族福祉―』ジェトロ・アジア経済研究所、2007、p.85
11）前掲書6）、pp.86-87
12）前掲書9）、p.198
13）前掲書9）、p.235
14）前掲書6）、p.87
　この法改正では自活保護とともに教育保護も新設された。
15）前掲書10）、p.73
16）前掲書10）、p.76
17）前掲書6）、p.88

第 9 章　韓国における貧困政策の歴史的展開

18) 前掲書 6)、p.89
19) 前掲書 6)、p.89
20) 前掲書 6)、p.90
21) 関庚三（鄭秀哲・金永子訳）「韓国における生活保護対象者に対する貧困政策の方向」『四国学院大学論集』No.95、1997、pp.271-272
22) 前掲書 9)、p.15
23) 金碩浩「韓国の公的扶助制度におけるワークフェアの構造と課題—国民基礎生活保障法における『自活事業』を中心に」『社会保障法』No.23、2008、p.62
24) 前掲書10)、p.15
25) 李恵炅「『生産的福祉』とその後」前掲書 8)、p.70
26) 前掲書23)、p.64
27) 前掲書10)、p.79
28) 中尾美知子「<研究ノート>韓国『国民基礎生活保障法』(1999年 9 月制定）と生産的福祉」『岩手県立大学社会福祉学部紀要』Vol. 2 ,No. 2 、2000、p.33
29) 前掲書 6)、p.92
30) 田中明彦「韓国における国民基礎生活保障法の現状と課題—貧困社会連帯の聞き取り調査を中心に—」『龍谷大学社会福祉学部紀要』No.39、2011、p.57
31) 同上書、p.57
　　政府推計では100万人が扶養義務者基準のために国民基礎生活保障法による扶助を受給できないと報告されている。
32) 金早雲「大韓民国」宇佐見耕一・小谷眞男編集代表『世界の社会福祉年鑑2011』旬報社、2011、p.233
33) 前掲書30)、p.157
34) 中尾美知子「韓国における自活支援福祉政策の模索」『岩手県立大学社会福祉学部紀要』Vol. 6 ,No. 2 、2004、p.16
35) 同上書、p.16
36) 北島健一「韓国の労働市場政策と社会的企業」『松山大学論集』Vol.20,No. 4 、2008、p.42
37) 鄭在哲「変容する韓国のワークフェア政策」『海外社会保障研究』No.167、2009、p.34
　　「自活成功率」について2007年度で「保健福祉家族省」サイドは6.30％、「労働省」サイドは20.1％といずれも低率であり、また自活したとみなされた多くの「脱受給者」はワーキングプアの生活水準と変わりがないことが論述されている。
38) 株本千鶴「韓国の自活事業—公的扶助による就労支援の可能性」前掲書 8)、p.128
39) 同上書、p.128
40) 前掲書23)、p.69、前掲書30)、p.56
　　いずれの論文でも受給者が福祉依存となり自立へのモチベーション低下がみられると論述している。
41) 前掲書32)、p.236
42) 五石敬路「韓国における社会的企業制度の系譜と展開」『都市問題』Vol.103,No. 6 、2012、p.111
43) 同上書、p.113

44）前掲書36)、p.49
45）姜美羅・落合俊郎「韓国の社会的企業の現状と課題」『広島大学大学院教育学研究科附属特別支援教育実践センター研究紀要』No.9、2011、p.40
46）前掲書42)、p.115
47）前掲書42)、p.101
48）前掲書42)、p.101
49）前掲書45)、p.48

【参考文献】
・木村幹『韓国現代史―大統領たちの栄光と蹉跌―』中央公論新社、2008
・韓国社会科学研究所社会福祉研究室（金永子編訳）『韓国の社会福祉』新幹社、2002

第10章 韓国における社会的企業の現状と課題

■はじめに■

　本章では韓国における社会的企業の現状と課題について論述する。韓国ではIMF危機後、「国民基礎生活保障法」制定の一方で、脆弱階層の失業対策として公共勤労事業が始められた。そしてこの事業が社会的仕事事業に移行し、さらに社会的企業へと発展した。この経過においては、国レベルの福祉政策を動かす市民レベルの継続的な運動の成果があった。

　そして社会的企業は、IMF危機後の福祉国家の生成発展とともに今や、その福祉サービス拡大の有効な政策手段ともなっている。社会的企業は現在、人件費支援等の国の保護政策の下、量的に拡大し従事者数も増大した。しかしいくつかの課題にも直面している。

　本章では韓国における社会的企業の法的基盤、発展経過、現状、課題、いくつかの視察事例、そしてわが国への示唆について、順を追って論述する。

I 韓国における社会的企業の法的基盤

韓国では2006年12月に「社会的企業育成法」が制定され、2007年7月から施行された。これはアジアで最初の社会的企業支援の法律である。

「社会的企業育成法」では、法の目的として「社会的企業を支援し、我が社会で十分に供給されていない社会サービスを拡充し、新しい就労を創出することにより、社会的統合と国民生活の質の向上に寄与すること」(法第1条)と規定している。また社会的企業の定義として「脆弱階層に社会サービスまたは雇用機会を提供し、地域住民の生活の質を高めるなどの社会的目的を追求しながら、財貨及びサービスの生産・販売等の営業活動を行う企業として認証を受けたもの」(法第2条)と規定している。すなわち社会的企業とは、社会的目的を追求しながら営業活動を遂行する政府認証による、いわゆるハイブリッド型の企業といえる。

脆弱階層とは「自分に必要な社会サービスを市場価格では購入が難しい階層」とされている。そしてその具体的基準として、①世帯平均の所得が全国世帯の60％以下の者、②高齢者雇用促進法第2条第1号の要件を充たす「高齢者」、③障害者雇用促進法および職業リハビリ法による「障害者」、④性売春防止および被害者保護等に関する法律による性売買被害者、⑤その他、長期失業者等(社会的企業施行令第2条)が挙げられている[1]。

社会的企業はその事業目的に応じて、①雇用提供型、②社会サービス提供型、③混合型、④その他型の4つの類型に分けられている。①については脆弱階層の雇用比率が50％以上であること、②については各サービスで脆弱階層の利用者比率が50％以上であること、③については就労と社会サービスの提供における脆弱階層の比率が、それぞれ30％以上であること、④については分類が困難なケースの場合、労働部長官が育成委員会の審議を経て判断することとされている[2]。

社会的企業の認証要件については、①法人、組合、非営利団体を問わずフォー

マルな組織であること、②有給勤労者を雇用し、財とサービスの生産・販売に従事していること、③法第２条に定める社会的目的を実現していること、④利害関係者が意思決定に参画できること、⑤一定の収益（大統領令で定められる基準以上）があること、⑤定款や規約などを整えていること、⑥利潤の３分の２以上を社会的目的に使途することなどが定められている[3]。

認証された社会的企業については、①運営に必要な専門的知識や情報の提供、②必要な土地、建物の費用の融資や公有地などの賃貸、③公共機関によるサービスの優先購入、④租税減免や社会保険料の一部負担、⑤人件費、運営費等の助成等の公的支援がなされることになる。例えば租税減免については、認証後４年間にわたり法人税、所得税が50％減免される[4]。

なお社会的企業の労働者には、最低賃金保障と社会保険加入が企業側に義務づけられている[5]。

Ⅱ　韓国における社会的企業の発展過程

韓国における社会的企業は、脆弱階層に対する雇用の提供と社会サービスの提供を、同時に達成することを目的としている。その「社会的企業育成法」は、EU諸国における社会的企業の理念や方法を韓国の実情に適合させる形で政府レベル、市民レベルで模索した結果、構築・制定されたものである。

韓国の社会的企業の源流は、軍事政権時代に始まる市民活動家やキリスト教聖職者などによるソウル貧民街における「貧民運動」、それに続く「生産共同体運動」にまでさかのぼることができる。それが1998年に始まる公共勤労事業に結実した。IMF経済危機（1997年）の中で、政府は「国民基礎生活保障法」の制定（1999年）を急ぐ一方で、失業対策として公共勤労事業を始めた。ここでは失業者を対象に、民間企業が参入しない社会サービス分野で、短期の職を創出することに目的が置かれた。しかし公共勤労事業は、財政支援によって維持される臨時的就労であったために、改善策として雇用の連続性が保障される

安定的な職場づくりの必要性が強調された。他方、市民活動団体は1990年代以降、EU諸国で活性化した社会的経済や社会的企業に注目し始めていた[6]。なお、韓国は選別的福祉から普遍的福祉への移行を示した「国民基礎生活保障法」制定の頃より、社会民主主義志向型の福祉国家への途を歩み始めたとされる[7]。

　IMF経済危機以降、以上のような政策展開により、韓国の経済社会は安定していくかにみえた。しかしその後、2000年代に入ると経済のグローバル化による国際競争の激化とそれに対応する形での労働市場の流動化や企業の構造調整が激しくすすめられる中、雇用情勢は改善されず、むしろ悪化の一途を辿ることになった。非正規雇用の急増という労働市場の二極化の中で、とくに女性、高齢者、障害者、低学歴者、長期失業者といった脆弱階層の問題が深刻化してきた。

　そこでこれら脆弱階層の人たちに社会的に有益であるが、採算が不十分な介護・医療・教育等の社会サービス分野において、民間非営利団体が政府からの雇用助成金を活用して地域で仕事を創出し、就業させることが求められてきた。こうして2003年に公共勤労事業に代わって社会的仕事事業が誕生したのである[8]。

　こうして生まれた社会的仕事事業であったが、政府への高い依存性、短期雇用、低賃金といった事業がほとんどであったために、まもなくその抜本的改革が求められた。そこで政府は、このような事業を持続可能な雇用創出の組織へと発展させるべく、EU諸国の社会的企業モデルを取り入れることになった[9]。そして2006年12月に「社会的企業育成法」が制定され、2007年7月に施行されるに至った。

　なお2012年1月には国際協同組合年を背景として「協同組合基本法」が制定され、同年12月に施行された。協同組合は社会的企業とは異なり、脆弱階層に限定されず自営業者等幅広い人々を対象としている。こうして韓国の就労支援の潮流は、脆弱階層中心の社会的企業から広範な人々を対象とする協同組合にまで拡大した。さらに連帯と互酬の価値観に基づく第3の経済セクターである社会的経済の振興を目的とする「社会的経済基本法」が2015年9月現在、国会に上程中である。

これまで述べてきたように、韓国では社会的企業がEU諸国のように福祉国家の揺らぎと機能縮小化の中で、その補完代替策として活用されているのではなく、IMF経済危機後の福祉国家の生成発展とともに、福祉サービス拡大の有効な手段として活用されているということができよう[10]。

Ⅲ　韓国における社会的企業の現状

「社会的企業育成法」は、2010年6月に大幅に改正された。そこでは社会的企業の定義と認証要件において社会的目的が拡大され「地域社会への貢献」が加えられた。これに伴い社会的企業の類型に、⑤「地域社会貢献型」が加わった。脆弱階層の定義についても「自分に必要な社会サービスを市場価格で購入するのに困難があったり、労働市場の通常の条件で就職が特に困難な階層」と拡大された[11]。

また新たに「社会的企業振興院」が雇用労働部の支援機関として設立された。この機関は非営利組織と営利企業の中間形態として位置づけられ、それまでの雇用労働部の業務を引き継ぎ、社会的企業の育成・支援について総合的・専門的・体系的に遂行することを目的とした。すなわち、政府はそれまでの社会的企業の量的拡大から方針を転換し、社会的企業の認証・モニタリング・評価等の質的向上のための支援に重点を置くことになった。

また国は社会的企業の体系的育成・支援のために社会的企業育成基本計画を5年ごとに策定するとともに、地方に対しても市・道別の社会的企業支援計画の作成・実施を義務づけ、雇用労働部長官に提出させることにした。

こうした国や地方の行政レベルの動きの一方で、市民レベルでも社会的企業育成・支援のための中間支援団体が全国各地で設立されることになった。

ここで社会的企業の現況をみると（表10-1）、その認証数は2014年12月時点で、1,251社である。事業類型別では雇用提供型65％、社会サービス提供型6％、地域社会貢献型1％、混合型15％、その他13％となっている（2013年）。

雇用提供という労働統合型の比率が高く、脆弱階層への社会サービス提供型の比率は低い。活動分野では文化16％、環境16％、社会福祉10％、看護・家事7％、教育7％の順となっており（2013年）、対人サービス分野の比率が比較的高いといえる。地域別ではソウル20.9％、京畿道16.8％、全北6.3％、釜山6.0％、慶北5.7％、仁川5.4％の順となっており（2013年）、首都圏（ソウル、京畿道、仁

表10-1　社会的企業の現況

① 社会的企業の認証数

年度	2007	2008	2009	2010	2011	2012	2013	2014年12月
社会的企業数	50	208	285	501	644	774	1,012	1,251
予備的社会的企業数	—	—	—	—	761	1,425	1,463	1,466

出所）キム・ホヨン「韓国の社会的企業の現状と制度改善」第6回日韓社会的企業セミナー発表資料、2015を一部改変

② 社会的企業の事業類型別組織数とその割合（2013年）

事業類型	雇用創出	社会サービス提供	地域社会貢献	混合	その他	合計
企業数	659	60	11	149	133	1,012
割合	65％	6％	1％	15％	13％	100％

出所）羅一慶「ソーシャルビジネスの政策と実践」P.48　法律文化社、2015　一部改変

③ 社会的企業の活動分野（2013年）

	文化	環境	社会福祉	看護・家事	教育	保育	保健	その他	合計
企業数	161	160	103	71	67	21	11	418	1,012
割合	16％	16％	10％	7％	7％	2％	1％	41％	100％

出所）羅一慶「ソーシャルビジネスの政策と実践」P.52　法律文化社、2015　一部改変

④ 社会的企業の地域別認証数（2013年）

地域	ソウル	京畿	全北	釜山	慶北	仁川	江原	その他	合計
企業数	212	170	64	61	58	55	47	345	1,012
割合	20.9％	16.8％	6.3％	6.0％	5.7％	5.4％	4.6％	34.3％	100％

出所）羅一慶「ソーシャルビジネスの政策と実践」P.53　法律文化社、2015　一部改変

川)で40％以上を占めている[12]。

　社会的企業の従事者数では、2008年12月に8,329名（うち58.0％の1万5,815名が脆弱階層）であったのが、2014年12月には2万7,923名（うち56.6％の1万5,815名が脆弱階層）に急増している。そして従事者の平均月賃金は2012年で124万6千ウォンである[13]。

　社会的企業の社会サービスを受ける人の数は2008年の31万人から2013年末では2,524万人になり、約81倍と大幅に増加している。また社会的企業の売上高も2008年の208ヶ所での1,343億ウォンから2013年では1,012ヶ所での1兆1,561億ウォンへと企業数5倍に対し売上高は8倍以上成長している。さらに2007～2013年における財政支援が終了した企業223ヶ所のうち2015年現在、212ヶ所（95.1％）が倒産せず持続している[14]。

　なお、2010年の法改正により「予備的社会的企業」の制度が設けられた。これは国の社会的企業の認証要件の一部を満たしていないものの今後、その認証を目標として自治体の長（地域型）または中央行政機関の長（部署型）が指定する企業のことである[15]。2014年12月時点で1,466社が予備的社会的企業として活動を行っている（表10-1）。そしてこれらの予備的社会的企業への支援事業として、①人件費補助、②専門人材への人件費補助、③経営コンサルティング支援、④事業開発費支援がある[16]。

　社会的企業は人件費支援を最大3年間（具体的には1年次は人件費の90％、2年次は70％、3年次は50％）受けることができる。そしてこれに予備的社会的企業の2年を加えると、最大5年間は人件費支援を受けて活動を展開することが可能となる[17]。

Ⅳ　韓国における社会的企業の課題

　韓国政府は社会的企業の課題として、以下の4点を挙げている（「第2次社会的企業育成基本計画」2012年12月）[18]。

①　事業形態が雇用提供型に集中している。
②　人件費支援への依存度が高い。
③　教育プログラムや専門家養成のあり方が、支援機関の専門性の不足のために、現場のニーズに適合していない。
④　政府主導の政策推進にとどまり、民間の多様な支援連携および活用が依然として不足している。

これらの課題について検討してみよう。

①については、脆弱階層の雇用比率が約60％であるように、韓国の社会的企業が非常に労働統合的であることを示している。一方、社会サービス型の比率が6％と低位であることは、ソーシャル・キャピタルの開発・動員など地域コミュニティに根を下ろすことのできない市民社会組織の脆弱性を反映しているといえる。また②③とも関連して、雇用提供・創出という雇用開発への投資の一方で、専門性、熟練性などの技術競争力の強化が後手になっている。したがって能力開発、技術開発に対する投資が重要となる。そのことが「社会的企業は脆弱階層の集まり」といった国民の社会的企業に対するネガティブ・イメージの払拭にもつながることになる。

②については、予備的社会的企業の2年を含めて最大5年で国の支援が切れることにより、その後の雇用継続の持続性が保障されないことになる。したがって、雇用期間は短期であり、また国からの人件費補助が最低賃金の水準であることを鑑みると、賃金は低水準であり、かつ技能面でも不熟練にとどまるといえる。しかし一方で、多くの専門家からも個別の社会的企業への人件費支援は限界に達していると批判されているように、これまでの過度の人件費依存は回避すべきである（ちなみに社会的企業に関する政府予算のうち、人件費の占める割合は2007年度97.1％、2009年度85％、2012年度70％と年を追って減少しているものの、その比率は依然として大きい[19]）。そのためにも商品・サービスの販路開拓や金融支援などの間接支援の拡大を図ることが重要である。他方で一部の社会的企業で導入されているように、組織の社会的インパクトを測定するSROI（Social Return on Investment社会的投資収益率）といった社会的価

値評価手法の活用、およびそこから得られる数値結果の一般市民への説明責任を積極的に検討・実施すべきであろう[20]。そのことが社会的企業の存在意義についての国民の理解と周知につながることになる。

③については、国からの支援のみならず他の団体による支援が求められる。そのためには、多様な役割を持つ中間支援団体の発展が期待される。個々の社会的企業の健全育成のための経営ノウハウの提供、広報の支援、あるいは地域社会に適合した若い社会的企業家の発掘・育成、製品やサービスの販路開拓支援、民間資金の調達、地域の社会的企業間の連絡調整・交流促進など、その役割は重要である。

④については、社会的企業の持続的発展のために民間の多様な企業・組織・団体の協力が必要となる。とくに人的・物的資源や経営資源を持つ企業の社会貢献事業への参加は重要である[21]。金融支援のみならず製品やサービスの販路支援のために、公共機関はもとより民間企業・団体も積極的に購入協力することが求められる。

韓国政府は第2次基本計画（2013～17年）で社会的企業を3,000社まで増加させることを目標としているが、量的のみならず質的にも保障された社会的企業の増大確保が今後、真に望まれるところである[22]。

V　韓国における社会的企業の視察事例

2015年9月9～11日、韓国江原道（人口約154万人）の主要都市である原州市（人口約29万人）で、社会的企業に関する実情調査をした。ここではいくつかの視察調査事例を紹介したい。

原州市は朝鮮時代まで、500年の長きにわたり江原道の首府であった。現代では軍事都市、健康都市として有名である。また韓流ドラマ『冬のソナタ』で知られる道庁所在都市、春州市と並び江原道の主要都市である。さらに原州市は1970～80年代の軍事政権時代には、光州広域市と並び民主化運動の中心地と

なり、他方では協同組合運動の発信地ともなった。まさに原州市は、韓国における協同組合運動のメッカである。なお原州市に近い平昌では、2018年に冬季オリンピックが開催される予定である。

1. 江原道社会的経済支援センター（センター長、部長、チーム長からの説明）

このセンターは「江原道の社会的経済育成支援に関する条例」に基づき、2012年8月1日に設立された江原道庁委託の社会的経済支援のための中間支援組織である。

江原道には社会的経済組織として2015年9月現在、680ヶ所存在している。その内訳として社会的企業73ヶ所、予備的社会的企業77ヶ所（地域型75ヶ所、部署型2ヶ所）、村企業95ヶ所、協同組合351ヶ所、自活事業84ヶ所である。

センターの重点事業は、江原道内の社会的経済組織の統合管理、および国や道の施策事業の実施である。事業費は2015年度で29億3,400万ウォン（国費17億4,100万ウォン［59.3％］、道費11億9,300万ウォン［40.1％］）が予算計上されている。

センターの職員は18名で、その内訳はセンター長、部長、チーム長、そして各チームの職員12名である。センターの組織としてセンター長の下に支援事業部長、さらにその下に5つのチーム（①企画運営、②マーケティング支援、③統合支援－1、④統合支援－2、⑤創業支援）がある。

センターのビジョンは、①安定した社会的経済基盤づくりによる住み心地の良い江原道の実現、②全国最高の社会的経済統合支援専門機関の実現、③江原道の社会的経済基盤づくりによる経営安定化の実現、④社会的経済の諸組織間の交流や協力を統合する専門支援機関としている。また重点目標と戦略的課題として、①センター力量の強化と安定化（職員能力の向上、組織基盤の強化）、②社会的経済基盤づくり（資源連携とネットワーク、政策開発、市場造成）、③社会的経済自立能力の強化（社会的経済組織の発掘と育成、経営活性化支援）

を挙げている。

　マーケティング支援としては、①「江原蔵」活性化支援（「江原蔵」運営会社に対する販路拡大のための道内7ヶ所でのオン・オフラインショップの展開）、②「教育団の誘致」体験プログラム開発（中高生に対する社会的経済組織での現場体験学習）、③2018平昌冬季オリンピック「社会的経済参加プロジェクト」推進（オリンピック参加可能な社会的企業などの発掘と育成）、④平昌冬季オリンピックに備えた「江原フード」の開発と人材養成、⑤平昌冬季オリンピック「地域雇用開発戦略」フォーラム運営、⑥社会的経済活性化のための「販路開拓と広報」支援、⑦社会的経済「地域の祭りの参加」支援、⑧社会的経済「体験観光ブログ構築とSNS広報」、⑨社会的経済「広報・マーケティング」支援がある。

　社会的企業・協同組合支援としては、①「社会的企業・協同組合」圏域別支援機関運営、②「社会的経済専門家」養成教育、③（予備的）社会的企業「基礎コンサルティング」支援、④「協同組合」コンサルティング支援、⑤社会的経済ネットワークの構築がある。

　企業支援としては、①村企業「経営コンサルティング」支援、②社会的経済「先導企業」育成（その事業目的として社会的経済の有望企業の早期発掘や経営活性化支援、その評価要素として売上高、脆弱階層の雇用比率、社会的価値の実現などがある）、③「大韓民国村企業博覧会」開催（2015年9月18～20日の3日間、全国の村企業200社の参加により開催し、販路・広報の機会提供を目的とする）がある。

　創業チーム支援としては、「社会的企業家」の育成支援がある。公募で30団体（各団体3名以上のスタッフ構成）を選定し支援する。その年間事業費は8億6,000万ウォンである。

　以上の説明を受けた後、当方から以下の5点についてヒアリングをした。江原道における①社会的企業の生存率はどれくらいか、②社会的企業の事業分野の比率はどうなっているか、③社会的企業の事業類型別の比率はどうなっているか、④社会的企業における脆弱階層の雇用比率はどれくらいか、⑤社会的企

業家の育成状況はどうなっているか。これらに対して、①2015年現在で生存率は95％と高く、全国平均の70～80％を大きく上回っている、②73ヶ所の社会的企業のうち50～60％は掃除や施設管理などのサービス関係が多く、製造業は20％程度である、③事業類型別の比率は全国的傾向と変わらない、④脆弱階層については60％程度の雇用比率である、⑤社会的企業家の育成については、現在インキュベーティング（孵化）の段階にあるが大学生も含めて若い人が多い、という回答を得られた。

2．原州社会的経済支援センター（事務局長からの説明）

　このセンターは政府や道、市に依存することなく、あくまでも民間の社会的経済組織の中間支援機関として2009年7月17日に設立された。
　ここ原州には協同組合運動の輝かしき歴史と伝統がある。1970～80年代の軍事政権時代、原州は光州と並び韓国民主化運動の基地であった。そしてこの民主化運動と協同組合運動は原州を理解する2つのキーワードである。これらの運動をはじめにリードしたのは、カトリック神父の池学淳、思想家の張壱淳、そして抵抗詩人の金芝河である。そして1983年からここ原州を基地として、ハンサルリム（生命）運動を開始した。さらに1989年10月には中央集権に対抗して、地域生活における協同のネットワークを通じて社会を変えていこうとする、いわゆる生命運動として、あの格調高き「ハンサルリム宣言」が発信された。このセンターもこれらの影響を大きく受けて設立された。
　センターの基本理念は、①協同組合と自律的な地域共同体をつくること、②母なる自然と人間が共生する生活共同体をつくることである。そしてセンターの主要な目的は、①協同組合に基づく地域共同体の建設、②協同組合間のネットワークを通じて、自立のための環境をつくること、③協同組合間や組合員間の参加、コミュニケーション、連帯を醸成すること、④社会的経済組織のメンバーを訓練すること、⑤協同組合と他の社会的経済組織の創設と自立を支援すること、⑥協同組合の連合会や協議会の創設を支援すること、⑦地域住民に必

要な協同組合を育成すること、⑧広報、企画開発、自治体の協力、その他の協同組合の維持発展のための活動である。

センターは現在、24ヶ所の集団組織と3ヶ所の個人組織をネットワークしている。そしてそれらの組織の自立と自律のための連携を図っている。単に社会的企業だけでなく協同組合、村企業、自活事業など社会的経済組織のネットワークである。

現在、センターのネットワーク組織（24ヶ所の集団組織と3ヶ所の個人組織）は以下の8つの分野がある。①信用（2つの信用組合）、②消費（原州生協など2つ）、③生産・加工（原州フードなど8つ）、④社会サービス（原州医療生協、原州老人生協など7つ）、⑤教育（2つの組織）、⑥文化（2つの組織）、⑦地域コミュニティ（2つの組織）、⑧特別分野（法律・税の2つの組織）である。

センターの2014年の主要プロジェクトは以下の6部門、31事業であった。①ネットワーキング（協同組合間のネットワークなど4事業）、②企画委員会（地域農業食品委員会、社会福祉委員会など3事業）、③協同組合基金（組織管理委員会など4事業）、④教育と企画開発（管理者・雇用者・新たな協同組合員の形成と管理委員会など5事業）、⑤支援（社会的協同組合のための総合的支援の提供など4事業）、⑥事務局（各組織の参加とチームワークの強化、それぞれのプログラム支援など11事業）である。

これらの説明を受けた後、当方から社会的企業に関して、①国の人件費支援への高い依存度の問題についてどう考えるか、②事業別類型で社会サービス提供型の比率が低い理由についてどう考えるか、③原州における生存率はどの程度かの3点についてヒアリングをした。これらの質問に対する回答は以下のとおりである。

①については、国の支援金が切れても自立できるようにサポートするのが、本センターの大きな目的である。各社会的企業は支援金が切れる前から十分に準備しておく必要がある。また支援金が切れて苦境に陥っている社会的企業が多いが、数年すると元通りに回復している企業が多いし、今苦しんでいる企業

も回復すると思う。なお国の人件費支援は、社会的企業の育成のために必要不可欠である。②については、国の政策的責任が大きいと思う。国は社会的企業を単に、雇用の場として活用しているだけである。また社会的目的自体を法律で非常に細かく規制していることも問題である。③については2015年現在、70％程度の生存率ではないだろうか。社会的企業の中には支援金だけを求めて認可を受けている所もあり、これらに対する厳密な選別作業が国には求められる。なおSKなどの大企業による社会的企業の経営や支援は、CSR（企業の社会的責任）としての単なるイメージ戦略になっている。

　今後のビジョンとしては、国や地方自治体の公共経済、営利企業の市場経済とは別に、あるいはそれらと並行して、社会的経済の形成と拡大に貢献したい。そして原州がこの社会的経済ネットワークの中心基地として機能し、全国の社会的経済組織が相互に協力しつつ自立、自活していけるように努力したい。

3．原州医療福祉社会的協同組合（理事長からの説明）

　ここには前回（2012年9月12日）訪問したことがあり、今回で2回目の視察であり、この3年間にどのように変化したかを確認する意味で訪問したことを伝える。

　2014年12月現在、韓国では21ヶ所（前回16ヶ所）の医療生協があり、組合員は3万5千人（前回3万人）である。このうち15ヶ所が社会的協同組合に切り換えた。原州では1,400人（前回2,500人）の組合員である。前回よりも組合員数が減ったのは2012年12月制定の協同組合法により申請要件が厳しくなったためである。以前は道庁に申請するだけで済んだが、法制定後は1人あたり5万ウォン以上の出資金、1億ウォン以上の総出資額、組合員500人以上といった条件をクリアした上で、国の保健福祉省の認可を得る必要がある。なおここは医療生協として2002年に設立され原州で第1号の社会的企業として2008年に認可された。

　前回訪問の時は7つの事業（2つの診療事業、2つの介護保険事業、3つの

福祉事業）を展開していたが、現在は5つの事業（2つの診療事業、1つの介護保険事業、2つの福祉事業）に縮小した。その理由は国の人件費支援が切れたためである。支援金が切れると、どこの社会的企業も苦境に陥るが、ここも例外ではなく、この3〜4年は経営的に厳しい状況が続いている。したがって雇用人員を減らし、人件費を削減した。雇用人員は現在46名（前回76名）であり、在宅訪問分野での人員も27名（前回45名）となり、障害者対象の訪問事業は廃止した。また訪問看護ステーション事業は停止している。なお7つから5つに減らした2つの事業については現在、別の社会的企業（原州住宅福祉センター）で運営している。したがって低所得者世帯対象の福祉サービスは、そちらに移管した。

　今後のビジョンとしては、本来の目的である診療事業の運営と地域住民の健康を守るということに重点を置いていきたい。国からの人件費支援を受けていたときは、この目標はある程度、達成できていたが切れた今はかなり低下した。しかし目標は変わることはない。この目標達成に向けて苦境からの回復を図りたい。

4．原州老人消費者生活協同組合（理事長からの説明）

　この組織は2006年9月1日に発足し、当初は消費者生活協同組合として出発した。そして2008年10月から原州で第2号の社会的企業として出発した。ここの初代理事長が日本のワーカーズコープの事業を視察して、この事業を始めた経緯がある。なお韓国で唯一の老人消費者生活協同組合である。

　事業内容は老人への仕事の提供である。現在、65名の女子に対して50校（小学校）の清掃の仕事を提供している。また35名の男子に対してビルやアパートの裏通りの清掃、10校（小学校）のごみ処理場の消毒の仕事を提供している。これら男女100名は平均年齢約70歳で、これまでさまざまな職業に就いてきた人たちである。そのほとんどは貧困な人たちであり、年金を受給している人はいない。ここでの就労期間は4〜5年であり、平均賃金は月額90万ウォンほど

である。

　国からの人件費支援を２年間（2009～2010年）受けたが、その支援金が切れても大きな影響はなかった。現在（2011年～）は市からの援助を受けている。協同組合法が2012年12月に施行されて、その法的認可を受けるのが大変であった。資本金3,000万ウォン、組合員300名を集めるために２年かかった。

　現在の一番大きな問題は、老人たちのために社会が仕事を与えてくれないということである。韓国では65歳以上の人たちが就労場所を見つけるのは、なかなか困難である。組合員の多くは仕事を求めてこの組織に加入するが実際、仕事に就くにはかなり競争率が高い。

　今後のビジョンとしては、ボランティア活動を展開することである。例えば市内の老人家庭に対して、簡単な電気修理などの活動が展開できればと思っている。

５．クムト（予備的）社会的企業（常任理事からの説明）

　ここは2015年４月、この知的障害者施設に通所している障害者の親たちと地域の社会福祉の専門家との協力を得て発足した予備的社会的企業である。母体の知的障害者施設は2014年９月にオープンし、現在30名が通所している。通所者は知的障害者対象の高等部教育を修了した者である。

　社会的企業設立の発端は、子どもの将来を案じ何らかの仕事をという障害者の親たちの会議からであった。ただ親たちは、それが社会問題であるとは認識していなかった。たまたま原州社会的経済支援センターの事務局長と出会い、それが社会問題であることを認識し、局長からレクチャーを受けて、社会的企業育成のための国のプログラムに応募して、（地域型）予備的社会的企業として選出された。応募手続き書類において、ミッションをどう立てるかが問われるが、これについては障害者の就労支援ということで及第点であった。また予備的社会的企業の場合には、雇用者は１人以上という条件であったので、これもクリアした。

この社会的企業の目的は、知的障害者の仕事の創出、および仕事や職業訓練を通じての障害者のエンパワメントである。事業内容としては施設の一角に仕事場を作り、ドリップ式のコーヒーパックとクッキー作りをしている。コーヒーパックは社会的企業の全国大会に出品、販売したところ好評を博し、全国的な販売網を確保した。一方、クッキーは注文をもらってから作っている。これらの製造ノウハウはコーヒーパックについてはバリスタ教育を通じて、またクッキーは他の障害者団体から習得した。現在、製造作業そのものは２人の障害者と親たち多数のボランティアによって行っている。

　これからの検討課題としてコーヒーパック、クッキーの２つの商品製造の次に、どんな商品を製造できるかということである。①単純作業であること、②販売期間が長く持てること、③知的障害者の製造イメージに適った商品であることの３つの条件を基に検討している。具体的には、①トイレットペーパーのラッピング作業、②高齢者とともに江原道の特産である「ジャガイモもち」の生産を検討している。そしてこれらの検討課題をクリアするために現在、職業教育に力点を置いている。

　今後のビジョンとしては、本来のミッションを実現するために、社会的企業への昇格を目指したい。そのためには予備的社会的企業としてなすべきことに万全を期したい。

Ⅵ　日本への示唆

　ここで韓国の社会的企業育成制度が、わが国の福祉政策に示唆する諸点を論じたい。

　この制度はEU諸国の動向をふまえて、とくに脆弱階層の雇用と福祉の両政策を統合して成立したものである。その制定過程では、制度の淵源となる「貧民運動」「生産共同体運動」を担ってきた市民活動団体の意向も反映しつつ、国と地方との一体的協力関係により法整備がすすめられてきた。こうした制度

設計、制定過程のあり方は、わが国の類似の制度導入にあたっても大いに参考となろう[23]。

次に政府主導の人件費補助、投融資事業等の直接支援により社会的企業の量的拡大が促進されたが、近年では経営コンサルティングやネットワーク構築支援等の多様な間接支援により質的向上が図られている。他方で社会的企業のソーシャルインパクトといった社会的価値評価手法としてSROIの適用も図られている。このような支援のあり方、評価手法についても、わが国の類似制度導入の場合の参考となる。

さらに若手創業家の発掘や経営ノウハウ支援のための中間支援組織の存在とあり方についても社会的企業の持続的発展と地域コミュニティのソーシャル・キャピタル発掘・育成の方法を探るために参考となる。

そして脆弱階層を中心対象とした社会的企業から一般階層の人々を対象とする協同組合への就労対象拡大、さらに連帯と互酬の価値観に基づく第3の経済セクターである「社会的経済基本法」成立（国会上程中）に向けての道程は、わが国の今後の就労支援策、労働政策[24]のみならず、経済社会のあり方[25]にも大きな示唆を与えるものといえよう。

■おわりに■

本章では韓国における社会的企業の現状と課題について、いくつかの視察事例も交えて論述してきた。韓国では金大中政権下で、労働と福祉の連携によるいわゆる「生産的福祉」がすすめられ、社会民主主義型の福祉国家建設が志向された。これは盧武鉉政権下の「参与福祉」に引き継がれた[26]。そしてこれらの政権下で、脆弱階層のための就労事業が公共勤労事業、社会的仕事事業、社会的企業育成法へと発展した。今や社会的企業は福祉サービス拡大の有効な政策手段として活用されている。社会的企業の現状はいくつかの課題を抱えている。しかしこれまで経験してきたように国レベル、市民レベルでの協働構築作

業を通じて、これらの課題の克服と社会的企業のさらなる発展につながることを期待したい。

　なお韓国の社会的企業発展の軌跡は、わが国の福祉・労働政策にとどまらず社会経済政策の方向性にも大きな影響を与えるものといえよう。

　　付記　本研究は科研費24330172の助成を受けたものである。また社会的企業の視察にあたっては、宋鄭府尚志大学名誉教授に多大なお世話になったことに謝意を表したい。

【引用文献・注釈】
1 ）堀金博「韓国の社会的企業育成法の概要と考察」『賃金と社会保障』No.1587（6月上旬号）旬報社、2013、p.5
　　本論文は日弁連による社会的企業調査の一環であり、韓国の社会的企業に関する法制度を総合的かつ具体的に把握している。
2 ）同上書、pp.5-6
3 ）前掲書1）、p.6
4 ）前掲書1）、p.6
5 ）前掲書1）、p.6
6 ）加藤知愛「社会的企業による雇用創造に関する研究―韓国の社会的企業育成政策を事例に―」『国際広報メディア・観光学ジャーナル』No.16、北海道大学大学院国際広報メディア・観光学院、2013、p.9
7 ）大西裕『先進国・韓国の憂鬱』中公新書、2014、p.89
8 ）高間満「韓国における貧困政策の歴史的展開」『神戸学院総合リハビリテーション研究』Vol.8,No.2、神戸学院大学総合リハビリテーション学会、2013、p.87
9 ）駒崎ナエコ・小倉綾乃「韓国における社会的企業の展開―背景、事例、課題―」『損保ジャパン総研レポート』Vol.63、損保ジャパン総合研究所、2013、p.29
10）羅一慶『ソーシャルビジネスの政策と実践―韓国における社会的企業の挑戦―』法律文化社、2015、p.90
11）前掲書1）、p.6
12）前掲書10）、pp.46-53
13）カン・テソン「SK社会的企業　幸せの翼」（第6回日韓社会的企業セミナー発表資料）2015、於：明治大学
14）キム・ホヨン「韓国の社会的企業の現状と制度改善」（第6回日韓社会的企業セミナー発表資料）2015、於：明治大学
15）前掲書10）、pp.38-39
16）前掲書6 ）、p.12
17）前掲書9 ）、p.39

18) 五石敬路「韓国の社会的企業の動向」(社会的就労研究会レポート) 2015、p.6
これと関連して、国会立法調査省による「社会的企業支援制度の問題点と改善方案」(2014年)においては社会的企業の運営難点として「人件費及び運営資金不足」(30%)、「販路開拓の困難性」(18%)、「装備/施設不足」(15%)、「広報不足」(14%)、「労働者能力不足」(6%)、「経営能力不足」(5%)、その他 (12%) という社会的企業913社に対するアンケート調査結果が出ている(前掲書13))。ここでは販路開拓や広報不足が比較的、大きなウェイトを占めている。中間支援団体や民間企業・団体・組織の社会的企業への支援・協力的役割が期待されるところである。
19) 前掲書10)、p.42
20) 内閣府「社会的企業についての法人制度及び支援の在り方に関する海外現地調査報告書」2011、p.95
本報告書は海外の社会的企業について、韓国のみならずイギリス、イタリア、アメリカの4ヶ国の実情について制度概要、事例調査ヒアリング結果、課題を整理して詳細に報告している。
21) 前掲書13)
韓国財閥企業SKグループは、社会貢献として直接 (16ヶ所)、間接 (62ヶ所) 含め全国に78ヶ所の社会的企業を運営し、その生産商品の優先購買等の手法を取り入れている。
22) 秋葉武「韓国の社会的企業」山本隆編『社会的企業論—もうひとつの経済—』法律文化社、2014、p.145
23) 前掲書6)、p.19
24) わが国では2015 (平成27) 年4月より生活困窮者自立支援法が施行されたが、中間的就労としての就労訓練事業は、都道府県知事等の認定事業（任意事業）であり、事業実施主体の支援策が不十分である。また雇用型、非雇用型に関して、労働関係法令上の適用対象が曖昧などの問題がある。なお本法成立以前から共同連やワーカーズコープなどの関係団体は、一般的就労が困難な人々に対する就労支援策として、いわゆる社会的企業の法制化である「社会的事業所促進法」実現に向けて運動を展開し、法制定直前にまで至ったが、民主党から自民党への政権交代により現在まで、見通しのつかない状況になっている。また韓国の社会的企業が、雇用創出に力点を置いているのに比べ、わが国のそれは福祉的就労が多く、雇用との結びつきも弱く、したがって経営基盤も弱いといえる。
25) わが国では「社会的経済」に関して協同組合、非営利組織、社会的企業など多様な組織から形成されるものとし、今後の目指すべき共生社会において、ますます重要性を増すものとして確認された。2012 (平成24) 年4月17日開催の農林中金総合研究所主催の国際協同組合年記念シンポジウムは、その確認の重要な機会となったとされる（今村肇「社会的経済・協同組合とリレーショナル・スキル—境界を超える人材と組織のつながりを求めて—」『農林金融』Vol.65,No.9、農林中金総合研究所、2012）。
26) 前掲書7)、p.109
大西によれば、盧武鉉政権は当初、社会民主主義的な福祉国家を志向していたが、実際には進歩派と保守派の対立の中で、「委縮した」社会民主主義へ移行し、結果的に新自由主義になったと批判されているという (pp.136-139)。

【参考文献】
・特定非営利活動法人 共同連編『日本発 共生・共働の社会的企業—経済の民主主義と公平な分配を求めて—』現代書館、2012
・藤井敦史・原田晃樹他編『闘う社会的企業』勁草書房、2013
・牧里毎治監、川村暁雄・川本健太郎他編『これからの社会的企業に求められるものは何か—カリスマからパートナーシップへ—』ミネルヴァ書房、2015

あとがき

　大学院で博学かつ敬虔なキリスト者、(故)嶋田啓一郎教授のご指導を受け、福祉の職業人生を志しました。そして全国の自治体で最初に福祉専門職を採用した神戸市に就職し、児童相談所での児童福祉司、福祉事務所での社会福祉主事や査察指導員など福祉行政第一線の現場で、市民への相談援助業務一筋の仕事に携わらせていただきました。阪神大震災における救助活動、その後の支援活動は福祉職公務員としてまことに得がたい体験でした。

　24年間の福祉現場実践を経て、福岡県の筑豊・田川市に所在する福岡県立大学人間社会学部に主として公的扶助論とソーシャルワーク論を担当する教員として赴任し、教育研究活動に従事することになりました。石炭から石油へのエネルギー政策転換により、かつての大産炭地・筑豊は、貧困にあえぐ寂れた地域へと大きく変貌していました。この地域や大学での研究生活は、貧困と人間に関する貴重な視点を与えてくれました。

　福岡での5年間の単身赴任生活を経て、医療福祉系の学部が新設されるということで、現在の神戸学院大学に移ってきました。ここでは公的扶助論と社会福祉論を担当することになりました。新設の総合リハビリテーション学部は社会福祉士、精神保健福祉士、理学療法士、作業療法士の専門職養成を目的とする学部で、保健・医療・福祉に関する総合的な視点を与えてくれました。

　社会福祉の大学教員として16年、それ以前の福祉現場実践24年を合わせて40年の福祉職業人生になりました。そこで自分の職業人生の証として、これまで大学紀要で書きためた論文をささやかではありますが、単著としてまとめることにしました。皆様方にご一読していただき、ご批評等いただければ、筆者としてこれにまさる喜びはありません。

　なお、本書の刊行にあたり(株)みらいの荻原太志氏に一方ならぬお世話になりました。ここに深く謝意を表します。

最後に、これまで私を支え苦楽を共にしてくれた妻、由美子に感謝し、本書を捧げます。

2016年盛夏　研究室にて

高間　満

著者紹介

高間　満（Takama　Mitsuru）
1951年　福井県生まれ

学　歴
1973年　同志社大学文学部社会学科産業関係学専攻卒業
1976年　同志社大学大学院文学研究科社会福祉学専攻修士課程修了（文学修士）

職　歴
1976年　神戸市役所　福祉専門職　（児童相談所、福祉事務所にて児童福祉司、社会福祉主事、査察指導員　係長、課長職歴任）
2000年　福岡県立大学人間社会学部社会福祉学科　助教授
2003年　同大学　教授
2005年　神戸学院大学総合リハビリテーション学部社会リハビリテーション学科教授（学科長歴任）
　　　　現在に至る

　　　　（非常勤講師歴　佐賀大学、大分大学、同志社大学にて公的扶助論担当）

資　格　社会福祉士（登録番号116）

専　門　社会福祉学（公的扶助論、社会福祉論）

所属学会　日本社会福祉学会、日本キリスト教社会福祉学会、日本看護福祉学会（理事、評議員歴任）

著　書　『新・低所得者に対する支援と生活保護制度』（共編著）学文社　2014年
　　　　『社会福祉論　第3版』（共編著）久美　2014年
　　　　『ソーシャルワーク実習』（共編著）久美　2011年
　　　　『低所得者に対する支援と生活保護制度』（共編著）学文社　2010年
　　　　『災害福祉とは何か』（共著）ミネルヴァ書房　2010年
　　　　ほか

公的扶助の歴史的展開

2016年8月20日　初版第1刷発行

著　者	高間　満
発行者	竹鼻均之
発行所	株式会社みらい
	〒500-8137　岐阜市東興町40　第5澤田ビル
	TEL　058-247-1227㈹　FAX　058-247-1218
	http://www.mirai-inc.jp/
印刷・製本	西濃印刷株式会社

©Mitsuru Takama　2016
ISBN978-4-86015-397-7　C3036
Printed in Japan

乱丁本・落丁本はお取替え致します。